PHILOSOPHY

人民日报学术文库

中国特色新闻媒介体制：
构成分析与发展前景

秦 汉｜著

人民日报出版社
北京

图书在版编目（CIP）数据

中国特色新闻媒介体制：构成分析与发展前景／秦汉著．—北京：人民日报出版社，2021.10

ISBN 978－7－5115－7152－6

Ⅰ.①中… Ⅱ.①秦… Ⅲ.①新闻事业—研究—中国 Ⅳ.①G219.2

中国版本图书馆 CIP 数据核字（2021）第 210754 号

书　　　名：中国特色新闻媒介体制：构成分析与发展前景
　　　　　　ZHONGGUO TESE XINWEN MEIJIE TIZHI：GOUCHENG
　　　　　　FENXI YU FAZHAN QIANJING

著　　　者：秦　汉

出 版 人：刘华新
责任编辑：谢广灼
封面设计：中联华文

出版发行：**人民日报**出版社

社　　　址：北京金台西路 2 号
邮政编码：100733
发行热线：（010）65369509　65369846　65363528　65369512
邮购热线：（010）65369530　65363527
编辑热线：（010）65369521
网　　　址：www. peopledailypress. com
经　　　销：新华书店
印　　　刷：三河市华东印刷有限公司
法律顾问：北京科宇律师事务所　　（010）83622312

开　　　本：710mm×1000mm　1/16
字　　　数：144 千字
印　　　张：12.5
版次印次：2022 年 1 月第 1 版　　2022 年 1 月第 1 次印刷

书　　　号：ISBN 978－7－5115－7152－6
定　　　价：85.00 元

目 录
CONTENTS

第1章 导 论

1.1 问题的提出

为什么不同国家或地区的新闻媒体的媒介表现会存在差异？为什么不同国家或地区的新闻媒体的发展模式各种各样？这当中包括很多原因，如科学技术、制度（政治、经济、文化等）、思想观念的不同等，但是，新闻媒介体制的差异才是导致这一现象的直接原因。新闻媒介体制，运行在特定的社会体制之内，它既同政治体制、文化体制、经济体制等相互作用、相互影响，同时也作为一种规范指导着新闻事业的发展。质言之，有什么样的新闻媒介体制，就会有什么样的新闻媒介组织，就会有什么样的新闻媒介工作者，以及就会有什么样的新闻媒介管理制度。由此可见，了解新闻媒介体制是认清新闻事业概貌的前提。此外，新闻媒介体制作为一种规范性的社会存在，不仅规定了新闻事业发展的应然目标以及如何达到这一目标的具体路径，而且也是评判新闻媒体现实表现的重要依据。

研究新闻媒介体制，主要是分析与阐释新闻媒介体制的基本内涵、构成、特征、功能、形成与演变更新的机制等。另外，新闻媒介体制的重要属性之一是互动性，由此，本研究还着重考察构成新闻媒介体制的各要素之间的互动关系，新闻媒介体制系统同其他不同层次的体制系统之间的互动关系。改革开放 40 多年来，中国①特色社会主义新闻事业取得了巨大发展，但仍处在改革创新的历史进程之中。这表明，我国新闻媒介体制的改革虽有一定成效，但改革过程远没有完结。况且，新闻媒介体制是一个历史的存在，其内在构成因素互动关系、外生环境因素的变化等都会导致新闻媒介体制的变革。因此，本研究要剖析中国特色新闻媒介体制的基本特征，并在此基础上结合时代情境展望中国特色新闻媒介体制的发展前景。

简而言之，本研究要回答什么是新闻媒介体制、中国特色新闻媒介体制的基本特征是什么，以及中国特色新闻媒介体制的发展前景是什么，即以对新闻媒介体制本体论意义上的剖析为基础，关系论意义上的解释为框架，来解答有关中国特色新闻媒介体制的现实问题。笔者既不会用以往研究中的体制"模式"来套用中国实际，也不会把"中国模式"强行推广到其他国家或地区，毕竟，依据特定背景条件总结归纳出的体制"模式"并不具有普遍性，而且，新闻媒介体制研究的意义并不在于设计出规范性的"模式"，而是要为促进新闻业与新闻媒体的良性发展提供智力支持，也就是其实践指向。

---

① 在没有特别说明的情况下，本研究中的"中国""我国"皆特指中国大陆地区。

1.2 作为根据的体制及其要素构成

研究新闻媒介体制，逻辑起点是新闻媒介体制的内涵问题，即什么是新闻媒介体制的问题，也可以简单地将其理解为对新闻媒介体制的界定或是定义描述。明确什么是新闻媒介体制，不仅设定了新闻媒介体制研究的基本范围，也指出了新闻媒介体制本身的现实安排。因此，对于新闻媒介体制的不同理解与描述，会产生不同的新闻媒介体制理论与新闻媒介体制模式，这在历史的纵向比较与共时的横向比较中都有所体现。在人类历史发展过程中，新闻活动的方式是历史的、具体的；新闻工作者的职业实践方式也是不断变化的；新闻业、新闻媒介组织机构、新闻管理制度的核心意涵、属性功能、地位作用、形成与演变机制等亦是存有差异的、特殊的；新闻媒介体制作为对新闻场域的一种秩序的安排，自然也是多样化的，而且，在媒介化社会高度发展的当下，不同国家或地区的新闻媒介体制也明显不同。这也就意味着对新闻媒介体制本身的理解与界定，对于新闻媒介体制理论及其这一理论在某一国家或地区或是某一特定时代背景下的具体应用的研究具有根本性的重要意义。

当然，对于新闻媒介体制的理解与界定，离不开对体制、媒介体制以及其他类型的社会体制（如政治体制、经济体制、文化体制、司法体制等）的分析与比较。体制和媒介体制是理解与界定新闻媒介体制的逻辑前提，而同其他类型的社会体制的比较则是把握新闻媒介体制的个性特征的有效手段。诚如有学者所述："比较研究不仅对证明理论和发现的普遍性不可或缺，而且也超越了对相似和差别的简单描述，还有助于我们理解特定的国家。"（哈尼奇，2008/2014：437）实际上，笔者采用一般个别的方法，通过对体制，对与新闻媒介体制归属于同一层次的其他体制的阐释来进一步剖析新闻媒介体制。尤其是从体制这一角度来说，对体制的基本内涵的理解，对体制系统的要素构成的分析，是整个新闻媒介体制研究的根据或根基，可以说，体制统摄着新闻媒介体制，新闻媒介体制隶属于体制，有什么样的体制也就基本上意味着会有什么样的新闻媒介体制，体制是新闻媒介体制的参照标准。

剖析体制，首先因为它是研究新闻媒介体制的必然需要。实际上，任何一个研究领域、研究话题都有其自身的根据，也就是其理论根源，或者也可以称之为"元理论"，这是学术研究的必要准备和不可或缺的组成部分。同理，新闻媒介体制研究的根据论也是完备的新闻媒介体制研究体系的关键一环。新闻活动，特别是职业新闻传播活动，为什么会呈现出特定的表现形式？新闻职业工作者为什么要遵循一定的职业道德与法律规范？新闻媒介组织为什么会进行特定的媒体生产活动？而新闻管理制度又为何会表征为特殊的原则规范？再比如，在我国，宣传工作为什么在新闻传播活动中占据十分重要的地位？新闻职业工作者为什么要站稳政治立场，坚守党性原则？党媒为什么扮演着喉舌的角色？而党的宣传纪律又为何会成为严格有效的硬性原则规范？可以说，新闻媒介体制的差异是导致上述现象发生的直接原因，而要从根本上来解释、回答、证明这些问题，还是要从体制谈起。

其次，剖析体制是评价新闻媒介体制的必然需要。新闻媒介体制的发展是矛盾的普遍性与特殊性的辩证统一，体现了社会发展的统一性与多样性的辩证统一，即新闻媒介体制发展趋势的统一性通过其多元化的表现而存在，而新闻媒介体制的多元化表现又蕴含着其发展趋势的统一性。从历史的纵向比较与共时的横向比较中可以看出，不同时代背景、不同社会形态下不同国家或地区的新闻媒介体制有其自身的显著特点，而且这些新闻媒介体制的发展理念、发展方式、发展路径与发展速度往往也不同。但是，在整体上，新闻媒介体制更新演变的总趋势表现为由低级到高级、由简单到复杂的发展过程，并且，不同新闻媒介体制之间也拥有普遍的共同本质。具体来讲，即便是存在多种多样的新闻媒介体制，但是存在并不意味着合理，一种新闻媒介体制有可能只是在一定时代环境下、一定特殊条件下是科学的、正当的，甚至有的新闻媒介体制本身就是不合乎根本的规律与原则的。究其根本，新闻媒介体制的合理与否，离不开对特定社会环境、社会形态、社会制度与社会体制的分析与探讨，事实上，对作为"流"的新闻媒介体制的理解离不开对作为"源"的体制的深思，换句话说，体制本身的不正当、不合理与"不合法"，自然会造成新闻媒介体制的不正当、不合理与"不合法"。新闻媒介体制的发展过程中存在某种规律性、原则性与重复性，其中，很重要的一方面就是体制作为评价或是衡量新闻媒介体制的依据或是标准的存在，作为新闻媒介体制维护自身"合法性"的存在。只有体制这一理论根据的合理，才有可能建立合乎规律性与合乎目的性的新闻媒介体制，同样，也只有明晰体制本身的基本内涵与要素构成，才能够对新闻媒介体制进行具体的考察和研究。

体制，在本质上，是一种秩序的安排，是对某一场域内的组织机构以及行为者进行的规范和调控。有学者把体制定义为社会机构与社会规范两个基本要素所组成的结合体或统一体。社会机构从社会活动过程来说有社会活动的实施机构和社会活动的管理机构，社会规范指的是建立并维持社会机构正常运转的规章制度（孙绵涛，2009）。这其中，组织机构与制度规范是构成体制的核心要素，社会机构是体制运行的主体，社会规范则是体制运行的保证，没有社会机构运行的体制是空洞的，而没有社会规范运行的体制是无序的。另外，社会活动的实施机构与社会规范的结合构成了实施体制，社会活动的管理机构与社会规范的结合构成了管理体制，因此，我们也可以把体制理解为是实施体制与管理体制的结合。

再从静态角度来看，体制并不是一种具象化的存在，需要通过实体化与规范化的过程来呈现其内涵，发挥其作用。细致一点说，实体化，表明体制要通过组织机构及其具体的运行（方式、特点、结果等）来"展示"其所建构的某一种秩序，而规范化则意味着体制需要具体的管理制度来保障这一秩序的良性运转。实体化与规范化之间是辩证统一、相辅相成的关系。另外，体制所表征的秩序安排，或者说体制的实体化与规范化是有着充分的现实根据的，而且，它们还会随着时代背景与社会环境的变化而变化，这既说明了体制的自身发展有一定的客观规律性，也彰显出体制自身也存在着未来追求。

另外，体制的存在不只是依托于现实根据，也更不会单单瞄准未来追求，实际上，任何事物的存在都要经历一个孕育、诞生的过程。自然，体制的出现不是凭空而来的，前述的体制的静态构成终究离不开动态的生成过程的铺垫。即某种体制的建立，无论是自在自发式的，还是自觉自主式的，都源于人们在相关活动过程中的实践与积累，并且要在达到某种特定程度时，人们根据一定的体制观念进行总结与创造。谈及体制观念，首先，观念不是凭空臆测的产物，它不能自生，而是源于人们在社会实践过程中的认识与反思。因此，观念的形成要紧紧依靠具体实际，而不是推理想象。有学者认为，"观念的社会特征并不是作为补充部分被结合，而是它本来就在一个轨道中：观念的社会化是通过观念本身的传递。思想不能脱离承载和运输它们的'社团'而独立存在"。（德布雷，1991/2014：197）人的意识、观念、思想、文化、精神一类的东西，它们都是在一定的生产方式与交换方式上生成的，与人们现实的社会关系有着密切的联系，是作为人们现实的社会关系的反映而存在的。人们的生产方式与交换方式、人们的社会关系、现实的物质生活条件，是人们的意识、观念、思想、文化、精神一类的东西生成与存在的基础（林剑，2010）。所以说，体制观念也一样来源于社会实践、现实活动。而且，社会实践决定着体制观念的具体构成。比如，围绕经济体制的建立、运行、变革而出现的经济活动会促使经济体制观念的出现，同理，同新闻媒介体制的建立、运行、变革有关的新闻活动也会激发新闻媒介体制观念的诞生。

正如有学者指出，"观念是指人用某一个（或几个）关键词所表达的思想。细一点讲，观念可以用关键词或含关键词的句子来表达。人们通过它们来表达某种意义，进行思考、会话和写作文本，并与他人沟通，使其社会化，形成公认的普遍意义，并建立复杂的言说和思想体系。观念比思想具有更明确的价值（行动）方向，它和社会行动的关系往往比思想更直接"。（金观涛，刘青峰，2009：3-4）正是基于观念与社会行动之间的紧密联系，我们认为，社会实践还决定着体制观念的内在层次。例如，我国的经济体制经历了从计划经济到有计划的商品经济，再到社会主义市场经济的转变过程，相应地，人们对于经济体制的观念也经过了从"姓资姓社的争论"到市场在资源配置中起基础性作用，再到市场在资源配置中起决定性作用的发展历程。同样，随着新闻活动实践的内容不断丰富、领域不断扩展，我国的新闻媒介体制从单一的宣传体制转化为以宣传体制为主，专业色彩、民众色彩不断增加的具有中国特色的样态。与此相适应，在新闻宣传主义观念主导新闻实践的情况下，新闻专业主义观念、民众新闻观念的影响力在日益增强，继而促成不同观念之间的对话、交流与协商。总体上，体制观念的变迁与体制的变化，与社会实践活动的变化是同步的，一一对应的，且呈现出逐步提升的态势。正如有学者所说："人类生存与发展的客观需要是新闻传播产生的根本动力。"（杨保军，2014：19）究其根本，体制观念源于社会实践，新闻媒介体制观念源于新闻活动实践，这既是体制观念、新闻媒介体制观念的实践根据，也是马克思主义唯物史观的应然之义。

　　所以说，体制的生成与构成都离不开对体制观念的剖析，体制观念是体制背后的灵魂，是体制系统核心性的存在，而体制的实体化（组织机构）与规范化（管理制度）则是体制观念的具体化表现且受制于体制观念。进一步讲，没有先进的、合理的体制观念作为前提与保证，也就不会有科学的、良性的体制。需要特别指出的是，这里虽强调体制观念对于体制生成与构成的核心作用，但并不意味着体制观念是体制唯一的、最终的、根本的逻辑前提，实践出真知，体制的生成与构成最终都离不开人们的现实需要与对未来发展的追求，离不开一定社会情境下的政治、经济、文化等社会存在的基本情况，离不开特定社会的历史渊源与文化传统。只不过，体制观念是体制重要的精神内核，所以，必须对体制观念以及体制观念与体制之间的逻辑关系进行讨论。

总的来讲，从体制构成到体制生成，在这一由静至动的全过程中，我们可以明显地看出，观念作为体制的另一核心要素，既发挥着核心中枢的作用，也弥漫渗透在社会机构与社会规范之中。实际上，观念与社会机构、社会规范相互融合，共同搭建起体制系统。英国学者柯林武德（Robin George Collingwood）就曾说道，"历史的过程不是单纯事件的过程而是行动的过程，它有一个由思想的过程所构成的内在方面；而历史学家所要寻求的正是这些思想过程"。（柯林武德，1946/1997：302-303）因此，观念虽不是一个具象化的实体，但是从体制发展的历史沿革来看，我们不能够忽视它的存在，不能够抹杀它作为体制的构成要素之一的实际地位。换个角度来看，观念抽象化的存在方式本质上是一种"无的有"的体现，它遍布在整个体制之中，又在体制的实际运行中表现出来。具体到本研究，为了论述的方便，笔者将新闻观念视为新闻媒介体制的一个不可或缺的重要组成部分，单独加以讨论。

1.3 核心概念的界定

1.3.1 体制同制度、机制的区分

体制与制度是一组极易混淆的概念，二者之间既相互区别又有一

定联系。制度，在宏观上是指一个国家或地区的基本社会制度，如经济制度、政治制度等，而在微观上则是指约束和规范社会成员的准则与规程，如记者守则、保密制度等。就体制而言，在英语中，其与制度均被译为"system"，因此也就出现了体制与制度常被混用的情况。实际上，对于体制的理解，可从体制与制度二者之间的关系着手。从制度的宏观意义上看，体制是制度的实现方式，即制度决定体制，体制是制度的具体表现。比如，我国的基本经济制度是公有制为主体，多种所有制经济共同发展，而具体的经济体制则是社会主义市场经济体制。但就制度的微观含义而言，则是体制决定制度，制度是体制的具体表现形式。制度经济学家道格拉斯·C. 诺思（Douglass C. North）曾指出，"体制"代表了社会学中所指的"机构"及其稳定关联所形成的结构，以及这种关联所遵循的原则和规范。当这两方面固化于某种社会实践中时，我们便指这一实体为"体制"或"系统"。"体制"的核心是"制度"，即定义、制约和促成社会个体行动和互动的正式或非正式规则。制度赋予社会生活以秩序，降低社会生活的不确定程度，限制某些行为或互动形态出现的可能，同时又为另一些行为或互动提供产生的机会（诺思，1990：3-10）。仍旧以社会主义市场经济体制为例，政府在这一体制框架内，采取了积极的财政政策，稳健的货币政策，建立自由贸易试验区与实施减税降费等新举措，还有税收、金融等其他具体制度。可以看出，体制与制度这两个概念范畴并不是完全重合的，其彼此之间的关系可以概述为宏观制度决定体制，体制决定着微观制度，体制实际上处在宏观制度与微观制度之间。

体制与机制却是一对关系十分密切的概念。机制相较于体制而言，更为抽象，它"体现为某种主体自动地趋向于一定目标的趋势和过程"。（李景鹏，2010）也就是说，体制虽勾勒出了秩序安排的图景，但这只不过是一个静态的具体的呈现，而要使这一图景真正落到现实中且发挥一定功效，则离不开机制在背后的形成作用。实际上，机制的形成过程是一个需要较长时间积累与沉淀的过程，也是行为主体由公开反抗、被动服从转化为自主自觉地接受体制设计的过程，更是真正意义上去实现体制目标的过程。

1.3.2　媒介体制与新闻媒介体制

媒介体制实际上是体制在新闻传播领域的特殊化表现，因此，媒介体制既要涵盖体制的一般化特征，又要突出新闻传播领域的特点。然而，已有研究中，有部分学者只是将媒介体制聚焦在媒介组织层面，如媒介体制是运作于特定社会与政治系统内的所有媒体及其组织方式（李红涛，2012）；媒介体制是指在特定的社会与政治体制内（通常指一国）构成并运行的所有大众媒体（Hardy，2012：185-206）。还有一些学者，未能厘清体制与制度的区别，将二者视为同一概念。比如，传媒体制也就是社会制度中对大众传媒活动直接或间接地起制约、控制作用的那一部分，体现了全部社会结构和社会关系的复杂性（王军，郎劲松，邓文卿，2008：10）；媒介制度指嵌入政治、经济、文化等社会结构中的媒介组织以及媒介运行的正式与非正式的程序与规则（潘祥辉，2010）；等等。除此之外，李良荣将世界新闻媒介的运行体制概括为以美国为代表的以私有制为主体的完全商业化运行体制、以西欧各国为代表的公私并举的双轨制运作体制和以中国为代表的完全国有的有限商业运作体制（李良荣，2006：176）。实际上，这只不过是对全球新闻媒介体制的一种粗略的划分，先不论其划分得科学与否，单单用具体的类型或模式是不足以阐释媒介体制的内涵的，这些只不过是媒介体制的具体化表现。总的来看，已有研究中对媒介体制的表述存在一定偏差，不是只强调了媒介组织，就是只突出了制度规范，究其原因，还是在于对体制的理解存在偏颇，没有抓住体制的内涵。诚然，媒介体制是体制在新闻传播领域的具体化，那么，媒介体制则是在一定宏观制度环境下，遵照一定新闻观念的媒介组织、媒介管理机构与媒介制度规范的统一体，或者是，在一定宏观制度环境下，遵照一定新闻观念的媒介运行体制与媒介管理体制的有机结合。

鉴于此，新闻媒介体制则是媒介体制的进一步具体化，即在一定宏观制度环境下，遵照一定新闻观念的新闻媒介组织、新闻媒介管理机构与新闻媒介制度规范的统一体，或者是，在一定宏观制度环境下，遵照一定新闻观念的新闻媒介运行体制与新闻媒介管理体制的有机结合。虽只是多了"新闻"这两个字，但其内涵则更为细化，具体来讲，第一，在运行主体上，媒介体制的运行主体不仅包括新闻媒体，还包括公关媒体、娱乐媒体等，而新闻媒介体制的运行主体只有新闻媒体。第二，新闻媒介体制涵盖的媒介规范是与新闻传播活动相关的制度规范，而媒介体制涵盖的媒介规范则更为宽泛，与新闻活动、公关活动、娱乐活动相关的制度规范都包含在其中。当然，明晰了新闻媒介体制的基本内涵也就清晰勾勒出了新闻媒介体制研究的基本维度，即新闻媒介组织与新闻管理（制度）以及指导它们的新闻观念。

从整个体制层面来看，吉登斯（Anthony Giddens）曾运用四个基本的现代性的制度性维度——资本主义、工业主义、监管与军事力量①——来描述国家体制（吉登斯，1990/2000：52），且这四个维度之间存在一定的互动关系。而他本人在接受皮尔森的采访中，也表明"并不想将它们视为完全相互独立或全然等同的。倾向于将资本主义扩张性作为变化中主要的驱动力量。"（吉登斯，1999/2000：168）总体上，这四个维度联系密切，相互影响，任何一个维度在受到其他三个维度制约的同时，也对它们的发展发挥了重要的作用，而最终，每一个维度既形塑着整个国家体制，又依赖于国家体制。同样，对于本研究来说，新闻媒介体制也并不是孤立的存在，它们作为社会体制的一部分，不仅会和其他体制（如司法体制、财政体制）彼此之间互动共生、相互影响，也要在一定的政治、经济、文化框架下运转并发挥作用。正如有学者所提，"社会结构规定为某一社会中由政治结构、经济结构、文化结构（或称意识形态结构）互相耦合而成的形态稳定的组织系统"。（金观涛，刘青峰，2011：11）因此，无论是新闻媒介体制，还是新闻媒介组织、新闻管理与新闻观念，作为社会大结构中的子结构，它们都会展现和落实这一社会结构的基本性质与特征，带有属于这一社会结构的特殊烙印。

新闻媒介体制研究的知名学者丹尼尔·C. 哈林（Daniel C. Hallin）教授在接受专访时曾指出，（新闻）媒介体制实际上是不同的（新闻）媒介机构、不同的（新闻）媒介实践之间互相作用，以及它们同社会其他因素、机构之间的相互作用而融入其中一个整体，每

---

① 资本主义指的是在竞争性劳动和产品市场情景下的资本积累，工业主义指的是自然的改变："人化环境"的发展，监管指的是对信息和社会督导的控制，军事力量则指的是在战争工业化情景下对暴力工具的控制。

种（新闻）媒介体制都根植于特定的历史情境之中（秦汉，2016）。可以看出，哈林教授对于新闻媒介体制的解读不仅依托"体制"的基本内涵，更是突出了要从关系论的视野中来考察其动态运行的过程，这也说明了新闻媒介体制研究的重点。

需要补充的是，新闻媒介体制有广义与狭义之分。在媒介化社会中，除了职业新闻媒介组织之外，人人都可以参与新闻传播活动，人人都可以成为新闻传播者，"脱媒主体"（非职业、非个体的其他群体）也俨然成为结构新闻传播新格局的重要力量[①]。诚如有学者所说："不同新闻传播主体的大众化、公共化传播身份的'共在'，是当今时代人类新闻活动的典型特征，它原则上已经冲破了现代新闻业成型以来单一职业新闻传播主体'独占'公共化、大众化传播身份的主体结构模式。"（杨保军，2016：54）因此，在融合媒体时代，非职业新闻传播主体的新闻传播行为进一步泛化、社会化，转化成为一般的社会行为，并且，他们的行为会切实地影响到新闻传播活动的秩序、相关社会主体的利益，社会问题的发展进程，公民社会的建设与完善甚至是国家、民族的根本利益。基于此，作为对新闻场域的秩序的安排，广义上的新闻媒介体制规范和调控着所有新闻传播主体及其新闻传播活动。不过，目前来看，职业新闻传播主体（职业建制性主体）呈现与创造的新闻传播图景依旧是整个新闻传播活动的主干，所以，据此情况所构建的新闻媒介体制也就成了整个新闻媒介体制研究的重心。具体到本研究，笔者剖析的就是狭义的，即规范和调控着职业新闻传播主体及其新闻传播活动的新闻媒介体制。

---

① 参阅杨保军（2015）．"脱媒主体"：结构新闻传播图景的新主体．《国际新闻界》．37（7），72-84．

另外，在任一类别的新闻实践活动中，都客观存在着新闻传播主体、新闻信源主体、新闻收受主体、新闻控制主体与新闻影响主体这五类主体（杨保军，2016），而且新闻实践活动也正是在他们这些主体之间的互动中进行的。因此，从这个角度上看，他们都是新闻媒介体制的运行主体，都对新闻媒介体制的形成、运转、演变与更新发挥着一定的作用。不过，本研究是从本体论的视角切入来探究新闻媒介体制，因此才将新闻媒介体制的运行主体在狭义范围内界定为新闻媒介组织及其工作者，而若要从关系论的角度出发，那新闻信源主体、新闻收受主体、新闻控制主体与新闻影响主体都应该被纳入考察范围。

总的来讲，该体制的日常运行依赖于丰富多彩的客观新闻现象，且最终的落脚点是要使新闻实践活动按照一定的思想观念与制度规范，合理有序地开展。倘若没有客观新闻现象，新闻实践活动自然就不会存在，那么新闻媒介体制也就好比无源之水、无本之木，丧失了存在的意义。从本质上来讲，客观存在的新闻现象不光是新闻媒介体制的根源，也是新闻实践活动、新闻管理、新闻观念，乃至整个新闻事业的根源，它是最根本的根源。没有客观新闻现象的发生，自然也就不会存在一切围绕其进行的顶层设计与具体实践。

1.3.3　新闻媒体体制

新闻媒体体制这一用法也时常出现在研究文献中，因此有必要对其内涵加以廓清。从字面中可以看出，新闻媒介体制与新闻媒体体制的不同主要是在"媒介"与"媒体"这两个词的区别上。新闻媒介（News Media）一般是指新闻传播的渠道、手段、途径或工具，如报纸、广播、电视、网络等，而新闻媒体（News Media Organizations）则是指专门从事新闻生产与传播的组织机构，如报社、广播电台、电视台、新闻网站等。因此，本研究认为，"新闻媒体体制"是一个伪概念。因为根据前述体制的定义，社会组织机构是体制的重要组成部分之一，"新闻媒体体制"这一表述实质上是大小概念的混用，语义上不通。

1.4　国内外研究现状与不足

新闻媒介体制研究的兴起可溯源至 1956 年由弗雷德里克·S. 西伯特（Fred S. Siebert）、西奥多·彼得森（Theodore Peterson）和威尔伯·施拉姆（Wilbur Schramm）共同撰写的《传媒的四种理论》（*Four Theories of the Press*）一书。该书以政治哲学为基础，提出传媒的威权主义理论、传媒的自由至上主义理论、传媒的社会责任理论与传媒的苏联共产主义理论这四种划分全球新闻媒介的规范理论。60 年来，该书曾被奉为新闻媒介体制研究的圭臬，长期用于新闻教育之中，但是，由于其自身存在的诸多问题以及同时代发展的不相适应，它也俨然成为新闻媒介体制后续诸多研究批判的起点。约翰·梅里尔（John Merrill）在《必要的自由：新闻自主的哲学》（*The Imperative of Freedom：A Philosophy of Journalistic Autonomy*）一书中曾提及，他尤其被社会责任理论的模糊性所困扰，而这一理论与其他三种理论是不在同一维度的（Merrill，2002）。约翰·C. 尼罗（John C. Nerone）对彼得森所撰写的部分给予肯定，而对另外两位作者则提出了质疑。首先，他认为施拉姆对于马克思主义的理解看起来同高中课本所教无异；其次，他认为西伯特在处理有关英国背景的问题时，远没有其在《英国新闻自由（1476—1776）》一书中叙述得那样敏锐、细致且富有批判性（Nerone，2002）。

　　事实上，三位作者并未投入非常多的精力来写此书，也更未想到此书会有如此大的影响力。笔者认为，该书最大的问题在于三位作者"各自为政"，缺乏统一的认识与精心的合作，由此造成了该书体系上的不一致。除此之外，严重的西方中心主义视角不仅妖魔化了东方世界的新闻媒介体制，而且也无视了全球新闻媒介体制的多样性，难怪，尼罗等八位作者在《最后的权利：重议传媒的四种理论》（*Last Rights：Revisiting Four Theories of the Press*）一书中批评道，《传媒的四种理论》实质上是西方自由主义理论在四个不同社会情境中的反映，即"一套理论四个实例"（Nerone，1995：18-21）。诚然，"传媒总是带有它所属社会和政治结构的形态和色彩，尤其是传媒反映了一种调节个人与社会关系的社会管制制度。"（西伯特，彼得森，施拉姆，1956/2008：引言）但是，新闻媒体的实际运行不只受到政治制度与意识形态的影响，经济制度、文化制度、历史积淀与跨国影响等都会对新闻媒体的实际运行发生作用，现如今，科学技术发展日新月异，公民媒体的力量日益强大，普通民众对于新闻媒体的影响亦不可忽略。无视多重影响因子的存在，而只注重"媒介-政治"的关系，必然会造成对新闻媒体乃至新闻媒介体制分析的简单化与片面化。如此多的问题，丹尼尔·C. 哈林与保罗·曼奇尼（Paolo Mancini）不禁感慨，"《传媒的四种理论》在媒介研究的景观带中风光了数十年，超过了它的自然寿限。现在是为它举行体面的葬礼，转而发展出基于真正的比较研究的更高级模式的时候了。"（哈林，曼奇尼，2004/2012：10）

　　学界对于《传媒的四种理论》的批判大致有三种思路。第一，是在该书对全球新闻媒介体制的既有分类的基础上进行修正改良。雷蒙德·威廉姆斯（Raymond Williams）率先围绕英国的文化与传播情境，提出了威权主义、父权主义（一个拥有道义与良知的威权体制）、商业主义与民主化这四种新闻媒介体制模式（Williams，1962）。梅里尔与拉尔夫·洛温斯坦（Ralph Lowenstein）则将新闻媒介体制划分为以下五类：伴有消极自由式的政府控制的威权主义、伴有积极自由式的政府控制的社会集权主义、没有任何政府控制的自由主义、伴有最低程度政府控制的社会自由主义与社会威权主义（Merrill，Lowenstein，1979）。而进入20世纪80年代之后，致力于补充《传媒的四种理论》的缺漏并完善全球新闻媒介体制划分的成果更是十分丰富。威廉·哈森（William Hachten）在《世界新闻多棱镜：变化中的国际传媒》（*The World News Prism：Changing Media，Clashing Ideologies*）中提出了"五种理论模式"，具体来讲，保留了原有的威权主义模式与共产主义模式，将自由主义模式与社会责任模式合称为西方模式，又新增了革命模式与发展模式（Hachten，1981）；丹尼斯·麦奎尔（Denis McQuail）补充了发展理论模式与民主参与理论模式（McQuail，1983）；赫伯特·阿特休尔（Herbert Altschull）则是在《权力的媒介：新闻媒介在人类事务中的作用》（*Agents of Power：The Role of the News Media in Human Affairs*）一书中，通过对不同国家政治经济文化状况的分析，把全球新闻媒介体制划分为马克思主义计划经济模式、资本主义市场经济模式与第三世界国家模式这三种模式（Altschull，1984）；

罗伯特·皮卡德（Robert Picard）通过对北欧国家的政府与媒体之间关系的观察与分析，在原有"四种理论"的基础上提出了一种新的模式——民主社会主义模式（Picard，1985）；直至 21 世纪初，对世界新闻媒介体制的重新划分归类仍然在继续着，瑞士学者罗杰·布鲁姆（Roger Blum）提出了更为全面的"六种模式"：大西洋-太平洋自由主义模式、南欧臣服主义模式、北欧公共服务模式、东欧震动模式、阿拉伯-亚洲爱国主义模式与亚洲-加勒比命令模式（Blum，2005）。虽然上述学者为完善新闻媒介体制的划分进行了有益的尝试，然而，他们普遍存在的问题在于未能跨越"政治（意识形态）-媒体"这一单一的分析新闻媒介体制的维度，这不仅无助于分析西方世界自身新闻媒介体制的复杂性，而且，不断地用西方视角来审视东方，用西方理论来分析东方，实际上是冷战思维的延续，并不足够客观，这也就决定了他们不可能从根本上认识东方世界的新闻媒介体制。总的来看，上述研究并未超越《传媒的四种理论》所框定的基本研究范式，因此，只能把这些成果看作"改良式"的研究。

第二，超越已有研究基础，用比较分析方法重新审视新闻媒介体制。若论对《传媒的四种理论》的批判，《最后的权利：重议传媒的四种理论》分析得最为详尽与透彻。该书总体上论述了《传媒的四种理论》的理论缺陷，内在矛盾与不足，并就每一种理论进行了具体的剖析，指出其偏见与缺失之处，然而，该书最大的遗憾在于并未实现对理论的突破。当前媒介规范理论研究要着力阐述群体与个人的权利，质疑政治运动与经济结构之间的关系，考量公共领域与私人领域（Brennen，1996）。鉴于此，丹尼尔·C. 哈林与保罗·曼奇尼教授合著的《比较媒介体制：媒介与政治的三种模式》（*Comparing Media*

Systems：*Three Models of Media and Politics*）可谓是超越已有研究的典范性力作。首先，他们将经验研究置于更加突出的位置，其目的是要在具体的历史语境中来讨论各国新闻媒介体制的实然状态；其次，运用比较分析的方法来开展研究。此方法"有可能使我们留意原来没有留意到并因此没有加以概念化的东西，也迫使我们澄清我们所使用概念的范围和适用性"。（哈林，曼奇尼，2004/2012：3）通过比较分析，各种新闻媒介体制的优势与劣势都会被平等地呈现出来，这既有利于各国之间相互学习借鉴，也有助于克服以往的西方中心主义视角，本质上，这是对新闻媒介体制多元化的尊重，而不是要一味地追求所谓普世的新闻媒介体制。具体而言，两位学者以媒介市场结构（the Structure of Media Markets）、政治平行性（Political Parallelism）、新闻工作者的专业主义理念（Journalistic Professionalism）与国家力量干预新闻媒介体制的程度与性质（the Role of the State），这四个可进行经验对比的变量为根据，对北美和西欧总计 18 个国家的新闻媒介体制进行了比较，归纳出以下三种模式：极化多元主义模式（Polarized Pluralist）、民主法团主义模式（Democratic Corporatist）和自由主义模式（Liberal）。总结出的这三种模式，不仅直接否定了《传媒的四种理论》对于西方世界的单一化的认识，而且也充分考虑到了各个模式内部以及单一国家内部新闻媒介体制的复杂性与多样性。

当然，笔者认为，本研究亦存在一些不足之处，即用于经验比较的四个变量的提出缺乏理论基础，也就是说，作者先建构模型，再对各个国家逐一进行验证，而且正如有的学者所指出的，这四个变量不足以概括西方国家之外的新闻媒介体制，因为各个地区历史背景差别各异（沈国麟，2012）。此外，作者仍旧推崇美式的新闻专业主义理念，用以衡量其他国家有失公允。总体上，本研究为新闻媒介体制研究提供了新的研究范式，有力催生了不少比较研究的相关成果[①]，尤其是为研究非西方世界的新闻媒介体制奠定了基础。

第三，更多关注非西方世界的新闻媒介体制。世界文明的多样性毋庸置疑，东西方世界的文明成果应得到同样的尊重，这是研究非西方世界的新闻媒介体制的重大意义所在。从《传媒的四种理论》到《比较媒介体制》，西方的研究视角、研究框架或是研究理论到底适不适合西方世界以外的国家或地区呢？总的来看，答案是否定的。在第三波民主化浪潮与经济全球化浪潮双重作用的影响下，非西方世界国家开启了各自政治经济文化转型的进程。迥异的社会历史背景，多元的发展道路，意味着用西方的理论框架来研究非西方的实际，其结果只会是邯郸学步，削足适履，这也更不是一个"发展理论"或是"第三世界国家模式"就可以轻易厘清的。理解非西方世界新闻媒介体制的关键，还是要立足于所研究国家的具体的、历史的情境，并基于此，找出分析的维度，建构合理的框架。

早在 2000 年，詹姆斯·卡伦（James Curran）与韩国学者朴明珍（Park Myun-Jia）就合作编辑出版了《去西方化媒介研究》（*De-Westernizing Media Studies*）一书。两位学者一开篇就指出，本研究是对诸多西方媒介理论所表现出来的自我为中心和偏见、狭隘给予的一种回应。在这些西方媒介理论中，以极少数国家的研究证据作为基础来对媒介进行普适性考察的做法已经成为一种惯例（卡伦，朴明珍，

---

① 比如：Sparks, C. （2008）. Media systems in transition：Poland, Russia, China. *Chinese Journal of Communication*. 1 (1)，7-24. Nordenstreng, K. & Thussu, D. K. （2015）. *Mapping BRICS Media*. New York；Routledge.

2000/2011：1)。所以，他们从体制出发提出了重新划分世界的方案。那就是，把世界分成威权政治与民主政治两类体制，每一类又都被进一步地划分为新自由主义与管制型经济体制两类亚体制，交叉组合后就形成了威权新自由主义社会（代表国家和地区有墨西哥、韩国、马来西亚与中国台湾）、威权管制型社会（代表国家有津巴布韦与埃及）、民主新自由主义社会（代表国家有日本、美国、英国与澳大利亚）与民主管制型社会（代表国家有瑞典、意大利、南非、以色列与法国）。此外，再加上转型与混合社会（代表国家和地区有中国、俄罗斯、东欧、南美与中东）这一个特殊类型，总体上，这五种社会实现了对全球的重新划分。按照此类划分方法，24 位学者对上述国家和地区的新闻媒介体制逐一进行了详细的论述。通过横向的分析，读者可以清晰地比较出同一类型内以及不同类型的国家或地区之间的新闻媒介体制的异同，但是，本研究对于西方媒介理论的批判性回应的力度是远远不够的，最为明显的缺陷就是其理论深度不足，事实性、静态拍照式的描述偏多，而且，缺乏对各个体制类型内部以及相互之间的勾连与互动的考察。不过，此书的引领意义是不可忽视的。

此后，丹尼尔·C. 哈林与保罗·曼奇尼还邀请了诸多学者对以色列、波兰、巴西、南非、俄罗斯、中国以及波罗的海地区这些非西方世界的新闻媒介体制进行研究，并于 2012 年编辑出版了《超越西方世界的比较媒介体制》（*Comparing Media Systems beyond the Western World*）一书，继续对以西方世界为主导的新闻媒介体制研究去魅。实际上，此书是两位学者对于《比较媒介体制》的自我批判。该书开篇，他们便指出，令其最为担心的莫过于《比较媒介体制：媒介与政治的三种模式》成为新的"传媒的四种理论"，担心"三种模式"成

为普适性的模板而被随意应用到有关其他国家和地区的研究之中
（Hallin，Mancini，2012：2），比如，世新大学传播研究所陈晓开的博
士论文《政治转型下的媒体与政治：台湾地区与意大利的媒介制度比
较分析》，就套用此理论架构来分析我国台湾地区及意大利自 20 世纪
90 年代以来政治转型冲击下媒介制度的变迁。为了避免"三种模式"
的固化，各位学者在沿用《比较媒介体制》一书中的四个可进行经验
对比的变量的基础上，将其与所分析国家或地区的实际情况进行了很
好的整合，所分析的结果不仅不是对"三种模式"的一味地套用或是
印证，而且还拓展了"三种模式"在世界其他地区的适用性，当然，
这离不开具体的社会历史背景与现实条件的制约。另外，该书还有四
个章节就新闻媒介体制研究的方法与路径问题进行了尝试性的探讨。
实际上，许多学者致力于建构替代性的分析维度与研究框架来解读非
西方世界的新闻媒介体制，这其中，涉及新闻媒介体制变迁的"过渡
性"、已有分析维度与框架的适用性与再概念化等问题。总的来讲，
该书完成了两项任务：一是通过对具体个案的研究，认可了非西方世
界新闻媒介体制研究的必要性，认为有必要对"三种模式"去标准
化；二是在探求新的研究方法中，承认了世界新闻媒介体制的发展趋
势是多元共存的，打破了各国最终会同质于自由主义模式的这一
"规律"。

当然，要求一本编著建构出一套系统的理论是不切实际的，但是，
本研究给予的启示是，对具体个案的细致分析或是对具有类似情况
（地缘相近、历史文化相通、社会制度相似）的一组国家或地区的分

析应是未来新闻媒介体制研究的突破口[①]。政治多元化发展的现实决定了设计出类似于《传媒的四种理论》那样的对全球新闻媒介体制的解析已不太可能，即使出现类似的成果，其科学性也容易受到质疑。因为，全球新闻媒介体制这一整体，事实上是由拥有不同特点的各国或各地区的新闻媒介体制所构成的，可以说，这是一个既多元又松散的整体，本质上不可能存在一套兼容并包的理论来概述它。相反，追求理论的特殊性，即找出适合某一特定国家或是某一地区的媒介理论是合理的，进而也可以对这些理论进行比较。

通过对国外 60 多年来有关新闻媒介体制研究的回顾，笔者发现有以下几点主要趋势：第一，对新闻媒介体制本体的认知越来越清晰，即从"媒介-政治"的关系延伸到"媒介-政治、经济、文化、技术"的互动；第二，新闻媒介体制研究所关注的范围逐渐窄化，即从全球视野转到东/西方世界，最终落脚在各个区域以及各独立国家或是地区；第三，比较研究方法渐成主流，规范研究依旧充满活力，关键在于找准适合研究对象的分析维度；第四，新闻媒介体制研究的价值所在在于"去模式化"，这不仅尊重新闻媒介体制的异质化发展，而且有利于舍弃固有的对不同新闻媒介体制的价值判断。

可以说，国外有关新闻媒介体制的研究无论是在理论上，还是在方法上，都取得了不小的突破，反观我国，媒介改革的呼声虽不绝于耳，相关研究也是十分丰富，但是，对造成媒介发展困局的制约性因

---

① 例如：Jakubowicz, K. & Sükosd, M.（eds.）（2008）. *Finding the right place on the map：Central and eastern European media change in a global perspective*. Bristol：Intellect. Natalia, R.（2016）. *Losing Pravda：Journalism and the crisis of truth-seeking in Russia*. Cambridge：Cambridge University Press. Shaw, I. S.（2009）. Towards an African journalism model：A critical historical perspective. *International Communication Gazette*, 71（6），491-510.

素——新闻媒介体制——的研究还存在较多缺欠。有学者就曾概括道,"目前中国的研究者主要是对新闻自由、公众知情权、新闻自由与新闻传播活动的合法边界、新闻自律、新闻媒体贴近群众及其生活世界以及新闻媒体在调查官员腐败的过程中所扮演的角色等议题进行批判分析。"(Pan,Chan,Lo,2008:203)

直观上来说,我们可以将中国特色的新闻媒介体制概括为:以宣传为主导,或者说是宣传主导型,且带有一定专业色彩的新闻媒介体制。具体来讲,我国所有的新闻媒介组织及其工作者都要自觉接受中国共产党的领导,遵守宣传纪律,用新闻宣传主义观念指导新闻传播实践;同时,他们也要遵循新闻传播规律,更好地满足与服务广大人民群众。显然,当前中国的新闻媒介体制不属于哈林所提出的自由主义模式、极化多元主义模式与民主法团模式中的任何一种。一方面,为了能够细致地勾勒出中国特色新闻媒介体制的全貌,我们对于它的研究必须根植于当下中国具体的社会情境,不能撇开政治制度,经济运行方式,公民社会的成长,新技术的发展等各种因素对它的影响。在这些方面,我国同《比较媒介体制》一书中所列出的18个国家有着根本上的差异。另一方面,本研究对于新闻媒介体制的内涵的理解同哈林教授存在不同之处,自然,解析新闻媒介体制的框架也截然不同。当然,上述的概括只是一个简单的描述,它同新闻媒介体制的定义并不完全对应,本研究会在后续章节对其进行详细解释与分析。

此外,《比较媒介体制》这本著作所传递出的重要观点之一,是单一民族国家的新闻媒介体制并不具有广泛的适用性,即便是在上述三种模式之内,每一个国家之间也并不是完全相同的。因此,上述三种模式不是放之四海而皆准的模式,本研究自然也不是要套用它们来对当前中国的新闻媒介体制进行研究。最后，即便在某些方面存在相似之处，但总体上看，中国特色的新闻媒介体制同上述三种模式也不是同质的。实际上，中国特色的新闻媒介体制是全球多元新闻媒介体制类型中的独特一种，它有其特殊的存在根据与现实表征，我们可以将其称为"宣传-引导"模式。当然，这一模式不是一个静态的存在，而是一直处在演化更新之中。

不过目前，涉及我国新闻媒介体制的文献多数是从媒介改革这一角度切入的，主要表现为三个方面，即现有弊端的表述，宏观目标的展望与具体改进的方法。首先，就我国当前的新闻媒介体制所呈现出的问题而言，有学者指出，"'事业单位、企业化管理'的管理体制，并没有从根本上改变传媒事业单位的性质，只是在改革初期适应了传媒市场化进程。随着市场经济建设的不断深入，该体制对于传媒产业的进一步发展形成一种桎梏"。（黄玉波，张金海，2006）还有学者将传媒体制改革所面临的主要问题归结为传媒业的经济成分问题、传媒业的产权制度问题、管理模式与管理方法的问题和传媒市场体系建设问题（丁和根，2007：94-201）。除此之外，柳旭波、潘祥辉等学者也就新闻媒介体制在转型过程中所暴露出的一些问题进行了论述。

总的来看，当前我国新闻媒介体制存在一些问题且牵涉面广泛，从根本上讲，就是既有新闻媒介体制与传媒业改革发展的实际不完全匹配，而若要解决这些棘手的问题，自然离不开宏观目标的指引。孙旭培曾系统地总结了新闻体制改革要有利于实现以下目标："大大减少报纸机关化的倾向，并向政府权力机关脱离报纸的目标努力，促进多层次报业结构的发展；赋予新闻业更大的活动空间，新闻采访、通信、批评、出版等方面要逐步提高自由度；党和政府在坚持对新闻单位的政治指导的前提下，逐渐消除对新闻经济活动的直接干预；将市场经济体制引入除了党的机关报以外的新闻事业中，使我国的新闻事业从事业型向产业型转变，促使我国的新闻事业做大做强。"（孙旭培，2004：47）童兵提出，新闻媒介体制的改革与创新，必须从四个方面着手：一是培育真正的文化市场主体；二是完善传媒市场体系，充分发挥市场机制作用；三是创新传媒管理体制，提高宏观管理能力；四是自觉转变政府职能，彻底理顺政事政企关系（童兵，2006）。基于此，我国新闻媒介体制改革的目标就是要在尊重新闻传播活动规律的基础上，处理好新闻媒介同党和政府，以及市场的关系，协调各方利益，促进新闻传播事业高质量与可持续发展。

当然，宏观目标的实现依赖于一项项切实可行的举措。将大众传媒业"一分为三"，即政治型媒体、纯粹经营性企业单位与事业性经营单位（李良荣，2006）；国家传媒、公共传媒和商业传媒的"三分开"发展（钱广贵，2009）；从"事业性质，企业化运作"转变成为事业单位和企业单位分离的"双轨制"运作（李良荣，方师师，2010）等都是一些学者提出的具体改革建议。上述研究的问题意识很强，但对于中国特色新闻媒介体制的基本现状，目前学界也并没有给予足够的关注。然而，理解中国特色新闻媒介体制的基本现状是十分必要的，因为它是推动中国新闻媒介体制改革的前提性条件，基于此，规划的一系列改革措施也才有可能具有创新性与可操作性。

本研究的落脚点是要勾勒出中国特色新闻媒介体制的发展前景以及实现这一发展前景的一些可能性的方式方法，自然，这离不开对中国特色新闻媒介体制的基本特征的判断与认知。不过，对于未来的展望不能仅仅依靠对现实的反思，否则这种展望会陷入"头痛医头，脚痛医脚"的局限中。除了反思现实，还应该回顾历史，即要分析中国特色新闻媒介体制形成的根源是什么，其演进路径或动力机制是什么，最终形成对中国特色新闻媒介体制的过去、现在与未来的全过程思考。

谈及中国特色新闻媒介体制的"过去"，有学者认为，"基于遵守内部规则的自主行动而形成的媒介市场秩序与通过政治行为实施外部规则而形成的外生秩序是作用于我国新闻媒介体制演进过程中的两条主线，它们相互影响，在冲突与合作中不断调整"。（吴高福，唐海江，2003）潘祥辉通过建立"四维模型"来全面阐述中国新闻媒介体制的演进过程，具体而言，"媒介制度变迁主体""媒介制度变迁的内源性变量""媒介制度变迁的外源性变量"与"媒介制度环境"这四个维度中的任何一个发生变化都可能引起媒介制度的演化，不过，在现实当中，媒介制度变迁总是在同一时期，在多个维度同时演化、互相交错的情况下开始的，它既作为"因变量"存在，也作为"自变量"存在（潘祥辉，2008）。

需要说明的是，目前关于中国特色新闻媒介体制的研究在两个方面还有待改进。一是围绕我国的新闻媒介组织、新闻管理或是新闻观念这三者中的某一个领域进行论述的著作或是文章还是很丰富的，欠缺的是按照新闻媒介体制的内涵，从上述三者综合的角度来开展研究。二是现有研究多集中于讨论媒介与党和政府的关系、媒介与市场的关系、媒介与受众的关系以及媒介自身的理念、性质、特征与功能等，缺少横向的比较研究。横向比较，一是要考虑全球化背景下，不同国家或地区之间、不同文化之间的相互影响，比如，在新中国成立初期，我国新闻媒介体制的构建是以苏联为参照样板的；另外一点是要在国家内部，关注媒介同不断壮大的公民社会之间的联系。在我国，主要是指移动互联时代，公众诉求对于中国特色新闻媒介体制改革与发展的倒逼。这两方面亦是本研究寻求有所突破之所在。

1.5　本研究结构与研究方法

　　具体来看，本研究的主要内容是：第一章作为绪论，也是全文的第一部分，首先指出新闻媒介体制研究的根据在于剖析体制及其要素构成。而在同制度、机制、媒介体制、新闻媒体体制进行比较分析之后，本研究认为，新闻媒介体制是由新闻观念、新闻媒介组织、新闻管理这三个要素所构成的统一体。另外，本研究重点关注的是职业（业态）的新闻媒介体制。

　　第二、三、四章是本研究的第二部分，从新闻媒介体制的运行主体到发展保障再到内在灵魂，本研究试图将新闻媒介体制的三个构成要素逐一进行阐释。其中，第二章聚焦于新闻媒介组织，即在规范理论的视角中，新闻媒介组织的基本角色应当是自由的、服务的与合理的。而我国的新闻媒介组织，即党和政府主办的媒体、都市类媒体与商业网络媒体，在经历长期的角色演变过程之后，成为党和政府的宣传者与人民利益的维护者，并且会朝着这两者相互融合的方向继续深度发展。

　　第三章则将目光投向新闻管理制度。在一般意义上，新闻管理制度包括职业的新闻管理制度与宣传的新闻管理制度，而在媒介化社会中，这两类新闻管理制度由于受到民间新闻"崛起"的影响，出现了公共化、社会化与大众化的发展趋势。至于我国当前的新闻管理制度，总体上，是由专业的新闻管理制度与宣传的新闻管理制度共同构建的"综合式管理制度"。

第四章探讨新闻观念。在言及什么是新闻观念之后，这一章着重考察了三种基本的新闻观念（新闻宣传主义、新闻商业主义与新闻专业主义）的内涵以及它们各自在中国的具体表现。从实际情况来看，新闻宣传主义观念在我国新闻观念体系中居于主导地位，不过，在民众新闻主义观念不断发展的情况下，尊重个人与包容冲突将成为我国新闻观念的新特征。

第五、六两章既是全文的第三部分，也是全文的落脚点。在考察了新闻媒介体制的各构成要素之后，本研究会从整体上进一步描绘新闻媒介体制。具体来说，第五章将在剖析了新闻媒介体制的各构成要素之间的相互关系，新闻媒介体制的一般特征之后，归纳出受多种力量影响的中国特色新闻媒介体制的基本特征；第六章则是在第五章的分析基础上，指出中国特色新闻媒介体制的未来发展走向。

总的来看，本研究主要运用的研究方法是逻辑分析法与比较分析法，但是在具体各章的分析中，普遍性与特殊性相结合，一般是个别的思路贯穿始终。也就是说，在对新闻媒介体制各组成要素的一般分析的基础上，笔者会对它们在中国的特殊呈现加以阐释，同理，笔者会在对新闻媒介体制各组成要素之间相互关系的一般分析的基础上，总结它们在中国的具体表现，并提炼出中国特色新闻媒介体制的基本特征。最后，笔者会以上述分析结果为依托，结合中国实际、中国事实、中国情境，对中国特色新闻媒介体制的未来发展走向进行展望。

　　从另一个角度来看，笔者首先是要在本体论的视角下深入剖析新闻媒介体制这一核心研究议题，然后，再从关系论的视野中来详细讨论中国特色新闻媒介体制与新闻媒介体制这一个别与一般的关系，讨论中国特色新闻媒介体制，尤其是目前处于媒介化社会情境下的中国特色新闻媒介体制的基本特征。最后，则是以前述为基础，对中国特色新闻媒介体制的未来发展走向进行展望。实际上，学界和业界一直热议的中国特色新闻媒介体制的改革问题可以通过学理的逻辑推演得到一些启发，毕竟，太拘泥于细节或是过于宏大的论述都不太可能转化为行之有效的策略。

第2章 新闻媒介体制的运行主体——新闻媒介组织

以党的十一届三中全会为开端，我国进入了改革开放的新发展阶段。党的十九大提出了中国发展新的历史方位，即中国特色社会主义进入了新时代。相较于过往，我国社会主义民主法治取得了飞速发展，人民群众的民主自由权利得到了更多保障；经济发展模式由计划经济转变为社会主义市场经济；文化事业飞速发展，各种思潮汇聚争鸣。可以说，我国已彻底摆脱苏联式的高度集中的政治经济文化体制，当然，我国目前的社会结构也不同于西方三权分立式的模式，且我们的发展目标也并不在此。确切来讲，我国社会结构的发展目标是要建设中国特色社会主义民主政治、市场经济、先进文化与和谐社会。

中国特色社会主义的新时代标志着在经济上要尊重经济活动规律，发挥市场在资源配置中的决定性作用；在政治领域，要坚持党的绝对领导，坚持社会主义制度，保障公民基本权利；而在思想文化方面，就是要坚持马列主义的科学指引，坚定"四个自信"。可以看出，"新时代"既体现了要坚守社会主义这一固定我国社会各项事业运转的原则，又表明了以竞争为特质的市场机制是我国社会各项事业得以有效运转的重要准则。事实上，社会结构要通过社会各个子结构或是社会各部门来维持并实现其总体目标，当然，社会各个子结构也要通过社会结构制度化的权力分配，从社会当中获取相应的以保证其正常运转的资源。由此可见，中国特色新闻媒介体制作为社会结构中的一个子结构，中国特色社会主义的道路、理论、制度、文化界定了其活动范围与活动机制，同时，中国特色新闻媒介体制自身的活动效能亦是对中国特色社会主义，尤其是在中国特色社会主义进入新时代这一新的历史方位的有力支持。

鉴于此，本研究会在中国特色社会主义的时代背景下探究中国特色新闻媒介体制的基本特征，进一步讲，就是要以此先分析新闻媒介体制的运行主体——新闻媒介组织，发展保障——新闻管理制度，以及内在灵魂——新闻观念，这三个构成要素的基本特征。

2.1 新闻媒介组织的基本角色

习近平总书记在党的新闻舆论工作座谈会上指出："新闻舆论工作者要增强政治家办报意识，在围绕中心、服务大局中找准坐标定位，牢记社会责任，不断解决好'为了谁、依靠谁、我是谁'这个根本问题。"（习近平，2016）从根本上讲，这涉及的是新闻媒介组织及其工作者的角色定位问题，是从观念意义上对自身的一种认知，其具体的意涵就是有什么样的角色定位，就会有相对应的新闻传播行为。倘若新闻媒介组织及其工作者的角色定位出现了偏差，那么他们不仅会直接给新闻传播活动带来不良影响，折损新闻业在民众心目中的公信力，而且也会造成新闻媒介体制的不稳定。

有学者指出，角色是职业任务与职业目标的混合体，它有着稳定且持久的表现形式。而且，角色通常存在于特定的制度框架内，并根据制度的主要活动、需求以及价值对其进行管理。另外，角色有两面性，一是经验维度，即新闻媒介组织及其工作者实际所承担的任务；二是评价维度，即新闻媒介组织及其工作者应该服务的目标与结果，以及所附带的相对价值或是重要性（Christians，Glasser，McQuail，Nordenstreng，White，2009：119）。可以看出，对于新闻媒介组织角色的讨论，实际上是一个从一般到特殊的过程。在一般意义上，根据新闻事业的基本特点与共同规律，从规范的角度勾勒出新闻媒介组织的理想状态，也就是新闻媒介组织应该是什么样子的。至于特殊性，就是要在特定的社会历史情境下，考察新闻媒介组织的现实表现，当然，由于经济、政治、文化、历史、技术等多种因素的影响，新闻媒介组织的现实表现一般会同应然定位有所出入，甚至是会出现截然相左的情形，但不可据此就轻易判定新闻媒介组织的优劣。笔者要强调的是，需要将应然设想同实然表现综合起来进行分析，既要尊重普遍的认知，又要兼顾特殊的选择，做到具体问题具体分析。

规范理论是有关新闻媒介组织应该如何运作的理论（McQuail，1987：109）。事实上，新闻媒介组织的运作就是既要处理自身同经济、政治等外部力量以及和受众（用户）之间的关系，又要协调好组织内部各部门之间的相互关系。因此，笔者认为，相对应地，在规范的视角中，新闻媒介组织包括自由、服务与合理三个维度。

2.1.1　自由的新闻媒介组织

谈及新闻自由，约翰·弥尔顿曾盛赞其为"一切伟大智慧的乳母"，并认为新闻出版自由："让我有自由来认识、发抒己见，并根据良心来做自由的讨论，它是一切自由中最重要的自由。"（弥尔顿，1644/1996：45）。法国大革命时期颁布的《人权宣言》明确规定，自由表达思想和意见是人类最宝贵的权利之一；所以，每一位公民都有言论、著述和出版的自由，但在法律的规定下，应对滥用此项自由承担责任。美国《宪法第一修正案》也指出，国会不得制定剥夺言论自由或出版自由的法律。恩格斯把新闻出版自由定义为："每一个人都可以不经国家事先许可自由无阻地发表自己的意见，这也就是出版自由。"（陈力丹，1988：194）我国宪法第三十五条明确保障了公民有言论、出版、集会、结社、游行、示威的自由。上述有关新闻自由的经典论述，本质上反映的是新闻自由作为人的一项基本权利的存在，是人实现自由而全面发展的根本保证。正如卢梭所言，"放弃自由就意味着放弃了做人的资格和权利"。（卢梭，1762/2012：14）而且，新闻自由不仅属于新闻媒介组织及其工作者，更是所有人都应当拥有的自由，它是一种平等的、民主的自由，不是被某一特定阶级或精英群体所垄断的自由。"新闻自由的理想状态是人人平等共享的自由，即人们在新闻制度设计层面都有均等的机会去接近和使用媒体，都能充分地利用媒介信息资源的自由境界。"（杨保军，2007：201-202）

具体来讲，新闻自由包括消极的新闻自由与积极的新闻自由。所谓消极的新闻自由，意指新闻媒介组织及其工作者的新闻传播活动不被外力干涉的自由。目前，经济全球化的深入发展，跨国公司尤其是大型媒体集团成长迅速，西方媒体俨然成为垄断资本掌控的一部分，再加之媒体经营管理模式单一，主要依赖广告收入，这也就意味着媒体丧失了独立自主的能力。"新闻工作首先要忠于公民，这是公民信任新闻媒介组织的基础，也是新闻公司和员工所拥有的特殊资产。"（科瓦奇，罗森斯蒂尔，2001/2011：47）新闻媒介组织及其工作者的一切工作都要以公众的根本利益为基准，尤其是在社交媒体时代，更要葆有独立的品质，追求形式自由与实质自由，敢于揭露事实真相，维护社会正义。虽然，"经济利益确实是重要的——但如果仅仅根据利益来行事，这将摧毁新闻从业者的精神，这种精神的力量比利益的驱动力更大"。（舒德森，2003/2010：147）

积极的新闻自由是指新闻媒介组织及其工作者能够做什么的自由。事实上，新闻媒介组织的基本工作是报道事实真相，开展舆论监督，沟通全球联系，协助民众表达各自见解并形成公众意见。新闻媒介组织的积极自由，同样离不开其独立的品质，因为，表达自由和新闻自由不仅会使政府权力滥用的概率降低，而且还会提高公众基本需求得以被满足的可能性（Stiglitz，2002：28），实际上，就是人们所熟知的新闻媒介组织的"看门狗"或是"守门人"功能。的确，对公权力的有效监督既是民主社会的象征，又是民主社会得以维持与发展的必要条件。新闻媒介组织及其工作者开展舆论监督，全面检视政府及其工作人员的日常工作，揭露其各种不正当的行径，这是对他们的一种强力"震慑"，可有效削弱少数特权阶级的专制统治，维护公众利益，使民主的精神落在实实在在的社会运行之中。著名的水门事件、五角大楼文件案以及2016年的巴拿马文件泄密迫使冰岛总理京勒伊格松辞职案等都是新闻媒介组织发挥其舆论监督功能的典型事例。

此外，将公权力的运行置于"透明的状态下"，不仅是要让民众监督他们的作为，而且要让民众可以据此就政府的施政发表看法，提出意见，致力于实现最终决策的科学化。需要说明的是，新闻媒介组织对公权力的自由监督只是促进社会民主化发展的条件之一，建立民主社会还需要多种因素、多元机制与多重制度的相互保障与配合。然而，新闻媒介组织及其工作者的自由监督不能只盯在公权力身上，随着自由主义市场经济的蓬勃发展，私权力对于其舆论监督功能的削弱日益明显。原因很简单，大型媒介集团、跨国公司的兴起，使得媒体所有者成为商业权力体系的一员，实质上出现了利益一体的情形。显然，将监督的"笔尖"或是"镜头"对准自己是异常困难的。正因如此，在新闻媒介组织中滋生腐败的概率大大提高了，更为糟糕的是，在自由市场经济中，追逐利润逐渐取代了公众利益在新闻媒介组织中的重要地位，这也为媒体所有者与政府之间的"官商勾结"提供了温床。因此，媒体的所有者不仅是商业权力体系的一员，更是整个社会权力体系的一部分，可以想见，新闻媒介组织的积极自由会受到严重的冲击与腐蚀。诚如有学者所述，"市场能够培育起来的并不是服务于公众利益的、独立的'看门狗'，而是为了适应个人目的随时调整其批判性的监督视角的工商业'雇佣军'"。（卡伦，2002/2006：260-261）面对政府权力与自由市场经济"合谋"所带来的双重压力，新闻媒介组织及其工作者若要突破这一困局，一方面取决于其是否拥有合理的新闻观念，即是否把服务公众利益置于优于政治依赖和经济诉求的位置，通俗地讲，是不是拥有"壮士断腕"的勇气和决心；另一方面要努力摆脱对自由市场经济的依赖，免受其规制，着力改变媒体运营管理方式，吸收公共资金。实际上，长期遭受规制而未能充分履行积极的新闻自由责任的媒体是得不到公众信任的，公众会用自身所持有的选择权予以回应。何况，在社交媒体快速发展的当下，公民社会日益成熟与活跃，不能够服务公众的新闻媒介组织，其发展是不可持续的，是没有前途的。

2.1.2 服务的新闻媒介组织

新闻媒介组织及其工作者在根本意义上是为广大民众服务的，而不是为某个政党、某个阶级或是某个利益集团服务的。笔者认为，实现服务好广大民众这一根本目标，新闻媒介组织要完成三项"服务"任务。

首先，为公众提供全面、真实而准确的公共信息，构建"观点的自由市场"。知情权是每一位公民的基本权利，任何力量都不可操纵甚至是垄断信息的传播，相反，新闻媒介组织要致力于让多元且未经"打磨"的信息进入公众的视野，使其可以自由地甄别、选择、消费，进而帮助其解疑释惑，解决面临的各种问题。可以说，为公众提供多元的信息与观点，是新闻媒介组织最基本的服务职能，也是其他两项服务职能得以发挥作用的前提。

其次，新闻媒介组织是公众诉求的"传声筒"。公众的利益诉求多半指向政府，但公众同政府之间存在一定的距离，双方在信息沟通上往往会出现不对称的情况，且这种不对称在一定程度上会演变为矛盾或冲突，这就需要新闻媒介组织充当二者之间的"减压阀"，将公众的诉求全面而准确地报道出来，竭力弥合或缩减公众同政府之间的距离感。更需要指出的是，社交媒体在传递公众诉求中发挥了巨大的作用。由于其无远弗届的传播特点和低门槛的近用性，相较于传统媒体时代，公众更愿意也更便利地在社交媒体上主动"发声"，倒逼政府。不过，"社交媒体所创造的'消逝的地域'的时空情境，只是削弱了民众对于社会现实的感知，但生发民意表达的土壤——天然距离、现实距离与'理想'距离——却并没有因新媒体时代的到来而缩减或是消弭，反而因技术的便利呈现出越来越大的趋势，并进一步导致民意表达与距离感增大的共振效果的出现"。（刘小燕，秦汉，2015）由此，新闻媒介组织，无论是传统媒体还是社交媒体，更应该将公众的诉求原原本本地呈现出来，为后续的辩论直至实现社会和解奠定基础，即便这些观点差异化明显，甚至是有一定的冲突性。

第三，新闻媒介组织要充当公共辩论的平台。社会发展的重要目标之一是要实现社会和解，凝聚社会共识。何谓共识，"它是在一定的时代生活在一定的地理环境中的个人所共享的一系列信念、价值观念和规范"。（韦农·波格丹诺，1987/2011：143）其中，要求所有个人共享是形成共识的必要条件。而实现所有个人的共享，自然离不开所有个人在可以接触多元信源与观点的基础上的充分辩论与自决，这也就凸显了上述所提及的新闻媒介组织要为公众提供全面、真实而准确的公共信息，新闻媒介组织要把公众的诉求原原本本地呈现出来这两项"服务"职能。当然，社会议题多种多样，新闻媒介组织应当着重把具有一定普遍意义的、广受公众关注的社会事务加以突出，引发公众讨论。尤其是在社交媒体时代，公众参与公共事务的讨论越发便利，在某种程度上，可以说是实现了话语权的均等化。那么，促使公众进行辩论的动因是什么呢？公众进行辩论的指向是什么呢？法国学者 Géraldine Muhlmann（杰拉尔丁·米尔曼）指出，公众展开辩论的动因有两点：一方面是因为存在各自不同的甚至是冲突的观点，公众要在保留自己观点的基础上，尽力达成一定程度的共识（Unifying through a test）；另一方面则是公众本已处在达成共识的相对平衡的状态，但由于新的冲突议题的卷入而不得不参与辩论，继而寻求新的共识（Decentring up to the limits of the bond）（Muhlmann，2004/2010：183-193）。可见，冲突与共识都是民主多元社会必不可少的组成因素，只有冲突没有共识，社会会处在相互杯葛、动荡不安的无尽内耗之中，而若只有共识没有冲突，那会出现一个毫无活力且徘徊不前的社会，实质上，这是另一种形式的"社会分裂"。因此，构建一定冲突的共识（Conflictual unifying）才是公众辩论的指向，也就是说，既保留了社会发展的动力，又维护了社会成员的根本利益。所以，公众参与公共事务的讨论是实现自我价值的重要途径，它不仅可以维护自身的权益，也能保障社会的公平正义。

"没有哪种公共服务比传播服务更重要。"（新闻自由委员会，1947/2004：48）新闻媒介组织为公众关注公共事务，发表个人见解，充分辩论协商，并最终达成有一定冲突的集体共识而搭建的平台，本质上就是公共领域。在公共领域内，公众可在法律法规所规定的范围内获得有关公共利益的信息，开展激烈的争论。每一个个体会逐渐演化为各利益群体，而各利益群体之间再经过反复博弈，最终形成妥协并达成代表公共性群体利益的有一定冲突的共识。不过，凝聚有一定冲突的共识并不意味着公众辩论的终结，公众的真正诉求是要把共识由边缘传导到中心，由民间传递到政府或是其他利益集团，要对政治经济的体制、制度、机制、政策等施加影响，促使其朝着符合公共性群体利益的方向进行改变。需要补充的是，新闻媒介组织为公共辩论搭建了平台，但这并不意味着所有社会问题都可以经由这个平台而解决，这其中涉及的因素还有许多，比如辩论参与者及其表达的观点是否合乎理性，是否合法、合德，辩论的策略技巧等，本研究只是着重强调新闻媒介组织所具备的这一"服务"职能。

2.1.3 合理的新闻媒介组织

"自由"角色，对于新闻媒介组织的日常运行与发展而言，是前提性条件，一个不自由的新闻媒介组织，本质上也就丧失了其作为新闻媒介组织的基本属性、基本条件与基本要求；"服务"角色，实际上是新闻媒介组织的根本指向，即新闻职业活动的合目的性的体现，其关涉着新闻媒介组织的生死存亡与发展壮大；而新闻媒介组织的"合理"角色发挥着"压舱石"的作用，它事关新闻媒介组织可否行稳致远，是新闻职业活动的合规律性的表现。

新闻媒介组织的合理性主要表现在以下两个方面。第一，新闻媒介组织要严守新闻职业道德，按照新闻职业活动的客观规律开展实践。对于新闻媒介组织来说，遵守新闻职业客观规律与严守新闻职业道德，意味着新闻媒介产品的质量与新闻职业工作者的行为要合乎职业规律与职业道德的要求和约束。具体来讲，新闻媒介产品应当是真实、客观、公正与全面的，具有时效性、重要性、显著性、接近性与趣味性等新闻属性。从根本上讲，新闻媒介产品应当具有公共属性，关切公共利益，因为这既尊重公民的知情权，又能助推民主政治的发展与完善。对于新闻职业工作者，他们首先要具备高尚的职业美德，怀揣崇高的职业理想。职业美德是其合理地从事新闻职业活动的保障，职业理想则是其合理地从事新闻职业活动的动力，职业美德与职业理想共同塑造道德的新闻职业工作者。此外，他们应该在新闻报道过程当中，妥善处理好同新闻控制主体、新闻信源主体、新闻收受主体、新闻影响主体、其他新闻传播主体①之间的关系，尊重各主体的合理利益诉求，创作出符合公共利益的新闻媒介产品。本质上，新闻职业工作者既要有善的、道德的主体人格，也要在实际新闻职业活动过程中做出善的、道德的行为，或者可以说是静态与动态条件下的善的、道德的统一。

第二，新闻媒介组织要合乎社会道德与人类社会发展的一般规律的要求。新闻职业道德与新闻职业活动的客观规律是社会道德和人类社会发展的一般规律在新闻职业领域的具体化呈现与职业化总结。原则上，职业道德与职业规律的内涵不仅来源于社会道德和社会规律，而且也要严苛于社会道德和社会规律。这就意味着职业道德和职业规律是新闻媒介组织开展新闻实践活动的前提性要求，不符合职业道德和职业规律要求的新闻媒介产品与新闻职业工作者必定不能满足社会道德和社会规律的要求。因此，新闻媒介组织要合乎社会道德与人类社会发展一般规律，本质上还是要求新闻职业工作者能够拥有社会关怀，创作的新闻媒介产品要指向、维护与捍卫公共利益。所以说，"只有服膺真理和正义，服务于人权、民主等公共利益价值的媒体，才能一方面克服组织自身急功近利的缺陷，另一方面又能借助公众之威力制约权贵利益的染指，从而最终取得组织的长期生存和发展收

---

① 关于这五类主体的具体阐释，可参阅杨保军（2016）.《新闻主体论》. 北京：人民日报出版社 . 32-35.

益。"（杨保军，雒有谋，2013）

新闻媒介组织要受到社会道德与人类社会发展的一般规律，新闻职业道德与新闻职业活动的客观规律的双重约束，只不过，上述道德与规律，尤其是职业道德与职业规律，在不同国家和地区，不同的经济、政治、文化、新闻职业发展脉络的情境下，会有不同的诠释与解读。同理，新闻媒介组织的"自由"属性与"服务"职能也面临着类似的情形。因此，对特定新闻媒介组织的剖析，实则是在其所处的社会情境下，从一般到个别，应然与实然相统一的过程。

2.2　当前我国新闻媒介组织的概况

新闻媒介组织是负责新闻信息收集、生产与发布的专业机构。从宏观上看，新闻事业是党的事业的重要组成部分，我国所有的新闻媒介组织都是在党的统一领导下运行的，都是党的耳目喉舌，都要在新闻传播实践中讲政治、讲立场、讲原则、讲导向、讲大局，完成党布置的宣传任务，其所传播的内容、观点、思想、方法也必须与党保持高度一致。具体而言，在思想上，我国的新闻媒介组织要以马克思主义新闻观为指导，坚持辩证唯物主义和历史唯物主义，不断用马克思主义中国化的最新理论成果武装自身，坚持政治家办报意识、党报理论与党性原则，贯彻全党办报、群众办报的方针，不断增强政治意识、大局意识、核心意识与看齐意识，反对"去意识形态化"与"资产阶级自由化"；在政治上，作为党的舆论宣传阵地，新闻媒介组织要旗帜鲜明地坚持党媒姓党，维护党的集中统一，维护中央权威，坚持党性与人民性的有机统一，做到全心全意为人民服务；在组织上，他们要在民主集中制的基础上自觉服从各级党委和宣传文化单位的统一领导，严格遵守宪法、法律、党的组织纪律与宣传纪律，严守政治纪律和政治规矩；而在行动上，他们要坚决地宣传并贯彻党的基本理论、基本路线、基本方略、基本纲领、基本经验及其他重大方针政策，彰显党的意志，要遵循以正面宣传为主的新闻舆论工作的基本方针，维护社会公平正义，确保社会和谐稳定，努力提高作品的吸引力与感染力。本质上，我国的新闻媒介组织就是要在思想上、政治上、组织上与行动上同党中央保持高度一致。

目前，我国的新闻媒介组织大体上可以分为两类。第一类是党和政府主办的媒体。它主要包括：人民日报社、新华社、中央广播电视总台、求是杂志社、解放军报社、光明日报社、经济日报社、中国日报社、科技日报社、人民政协报社、中国纪检监察报社、中国新闻社、学习时报社、工人日报社、中国青年报社、中国妇女报社、农民日报社、法制日报社，各地方的党委机关报（如《天津日报》《解放日报》《新华日报》），各地方电台与电视台中的新闻频道与综合频道以及上述新闻媒体的网站与新媒体客户端，各地方党委宣传部牵头组建的独立新闻网站（如千龙网、北方网、东方网），等等。

第二类是都市类媒体与商业网络媒体。这一类媒体主要包括：行业报与都市报等非党委机关报（如《南方都市报》）以及它们的网站与新媒体客户端，新闻商业网站及其新媒体终端（如新浪、网易）等。

这两类新闻媒介组织都是我国新闻事业的重要组成部分，都具有鲜明的政治属性，都要在服从党的领导这一原则内开展工作，承担相应的宣传任务。它们之间的区别，或者说，本研究对这两类新闻媒介组织进行划分的依据，是它们各自的功能定位不同、职责分工不同、表现方式不同。党和政府主办的媒体在新闻传播内容的选择上以理论宣传为主，其整体呈现形式较为严肃；而都市类媒体与商业网络媒体的新闻报道则更加贴近人民群众的日常生活，表现风格也比较灵活。总体上，这两类媒体都是为人民群众服务，为社会主义服务，尽可能地给人民群众提供多种选择。

另外，新闻媒介组织的根本性质取决于资本所有制，即新闻媒介组织归谁所有，新闻媒介组织的日常实践活动由谁负责。当前，我国的新闻媒介组织依然是以公有制为主体，日常运营还是由党中央和各级党委统一负责。只不过，随着经济社会建设的总体发展，我国新闻媒介组织在资本构成上出现了一些变化。一方面，部分党媒逐渐推进股份制改革，吸收多种资本，采用现代企业运作模式；至于都市类媒体与商业网络媒体，股份制改革就发挥着更为重要的作用，投融资进程不断深入，资本构成也更为多元，外资、非国有资本、业外资本等均可涉足。但是，上述这些资本都不得干预新闻采访、报道与编辑工作，只能涉足媒体经营与管理领域，而且，它们不得冲击国有资本的主导地位。

近些年，"事业性质，企业化管理"一直是我国提倡的媒体管理模式。伴随着新闻媒介组织的资本构成的多样化，我国新闻媒介组织的产业属性被进一步激活，内生动力被进一步释放，即通过市场竞争追求最多的经济利益，打造实力更为强大的媒体，乃至媒体集团，以便参与国际竞争。不过，诚如之前所提，在我国，新闻事业的社会主义发展方向绝不能改变，党管媒体原则绝不能动摇，政治属性依旧是这两类新闻媒介组织必须葆有的本色，纵然是资本构成日趋多元，产业属性的地位日益提高，仍旧不可逾越政治属性的主导地位。可以肯定的是，我国新闻媒介组织在社会变迁的历史进程中会越发活跃，我国新闻业的宏观图景会越发丰富多彩。

2.3　我国新闻媒介组织的基本角色

诚如有学者所言，"民主的普世性不仅来源于不同文化对民主治理准则的适应能力，也取决于民主对多元文化框架的适应能力，当然，这其中，既包括西方社会，也涵盖非西方社会"。（Voltmer，2013：20）可见，我们不可轻易地用西方化的模式来衡量其他社会条件下的民主发展状况，同样，新闻媒介组织作为促进民主政治发展的重要力量，我们在评价其角色时自然也脱离不开具体的社会情境。基本上，不同社会制度下的新闻媒介组织的角色是不同的，同一社会制度下的不同历史时期，新闻媒介组织的角色也会有所差异，但是，这只说明了新闻媒介组织的角色是多元的，并不具备价值判断。新闻媒介组织基本角色的优劣判定还要依赖于具体的分析。前述新闻媒介组织的基本角色是一个应然的标准，而在各国和各地区具体的新闻实践中，新闻媒介组织的实然角色相较于此标准有所偏离，只是偏离程度不同而已。

2.3.1　我国新闻媒介组织的角色演变历程

新闻媒介组织的角色表现，不是一蹴而就的，更不是一成不变的，而是历史的、具体的。就我国的新闻媒介组织而言，其角色演变大体上呈现出从全面多元到绝对单一再回归多元统一的走势。

粗略地看，我国新闻媒介组织的角色演变经历了三个阶段，即从第一份中文近代报刊（《察世俗每月统记传》）的诞生至中华人民共和国的成立（1815—1949），新中国成立之初至"文化大革命"的全面结束（1949—1978），改革开放以来的新时期（1978 年至今）。

在第一个阶段内，中国结束了 2000 多年的封建帝制，打败了外国侵略，取得了民主主义革命的胜利，实现了国家的和平与稳定。新闻媒介组织（实际上主要是各家报社）则正是在西学东渐、中体西用的进程中，逐步成长起来的。梁启超先生在《论报馆有益于国事》中说道："比邻之事而吾不知，甚乃同室所为不相闻问，则有耳目而无耳目；上有所措置不能喻之民，下有所苦患不能告之君，则有喉舌而无喉舌：其有助耳目喉舌之用而起天下之废疾者，则报馆之谓也。"（梁启超，1896）新闻媒介组织就是要让民众了解社会的一切变化，就是要成为民众"发声"的平台，从而去塞求通。徐宝璜先生也认为，媒体要"言其所欲言而又不善言者，言其所欲言而又不敢言者"。（徐宝璜，2011：4）另外，在封建统治的末期，新闻媒介组织除了使整个社会的沟通上下畅达，亦发挥着启迪民智的作用，诚如梁先生所言："思想自由、言论自由、出版自由，此三大自由者，实惟一切文明之母""凡欲造成一种新国民者，不可不将其国古来谬误之理想，摧陷廓清，以变其脑质。"（梁启超，1901）其最终目的是要改变信息为封建专制阶级所独有的情形，建立"一国之报""世界之报"，为社会变革积攒智慧，积蓄力量。不过，新闻媒介组织的作用远不止在启蒙进程中，在中国近代，革命是另一大主题，无论是推翻封建统治的辛亥革命，还是推翻"三座大山"的新民主主义革命，新闻媒介组织的"宣传动员"角色都十分突出。从早期的《民报》《清议报》《新民丛报》到五四时期的《新青年》，再到国共两党各自的机关报，这些报章杂志均可称为"革命"报刊。它们直接表达各自所代表群体或党派的革命目的，宣传革命学说，并且，它们的宣传话语都有共同的目的，即塑造各自革命主张的正当性，让民众以为此是国家与民族的希望，历史进步的必然，是一股无法抗拒的"洪流"，例如，孙中山先生在《〈民报〉发刊词》中写道："惟夫一群之中，有少数最良之心理，能策其群而进之，使最宜之治法，适应于吾群，吾群之进步，适应于世界，此先知先觉之天职，而吾《民报》之所为作也。抑非常革新之学说，其理想输灌于人心，而化为常识，则其去实行也近。吾于《民报》之出世觇之。"（孙文，1905）很明显，革命党人对报纸的认知有了重大转变，即不再满足于其启蒙的作用，而是要使其成为灌输革命思想的阵地，为发动革命运动提供思想支持。秋瑾的表述则更进一步，她认为：

　　然则具左右舆论之势力，担监督国民之责任者，非报纸而何？吾今欲结二万万大团体于一致，通全国女界声息于朝夕，为女界之总机关，使我女子生机活泼，精神奋飞，绝尘而奔，以速进于大光明世界；为醒狮之前驱，为文明之先导，为迷津筏，为暗室

灯，使我中国女界中放一光明灿烂之异彩，使全球人种，惊心夺
目，拍手而欢呼。无量愿力，请以此报创。吾愿与同胞共勉之。
（秋瑾，1907）

显然，革命的办报者还要直截了当地运用尖锐且具有鼓动性的话
语来动员民众参与到革命活动中去，以实现共同的革命理想。

以提倡"德先生"和"赛先生"为标志的新文化运动不仅是思想
上的又一次启蒙，也是一次社会革命的总动员。陈独秀在《敬告青
年》一文中提出了著名的"六大主义"，即自主的而非奴隶的；进步
的而非保守的；进取的而非退隐的；世界的而非锁国的；实利的而非
虚文的；科学的而非想象的。（陈独秀，1915）其目的在于号召广大
青年改造自身的落后思想，崇尚民主和科学，积极投身革命事业。更
为重要的是，新文化运动也是各种思潮涌入并相互碰撞的时期。共产
主义思想传入中国，苏联的党报理论逐渐兴起，与此同时，西方新闻
专业主义理念也在中国落地生根，一批独立的或者说是"非政治化"
的报纸与报人占据着报业的重要一席。耳目喉舌、独立自由、宣传动
员、启蒙革命，各种观念汇聚一起，竞相争鸣，相对应地衍生出了各
色各样的新闻媒介组织。可以说，新文化运动时期奠定了中国新闻媒
介组织第一次多元角色格局的形成。

随着五四新文化运动的深入，一些以西方自由主义思想为基础而
建立的独立媒体给中国新闻业带来了一股"新风"，而他们的"新"
在于"绝对拥护国民公共之利益，随时为国民贡献正确实用之知识，
以裨益国家"。（天津《大公报》记者，1926）实际上，这里强调的是
新闻媒介组织的公共属性，是新闻媒体作为社会公共机构的表现，也

就是"报业天职"。在这一层次上，展现得淋漓尽致的当数新记《大公报》。1926年，吴鼎昌、胡政之、张季鸾三位报人组成新记公司接管《大公报》，复刊当天，他们就提出了在中国新闻事业发展中非常知名的"四不"方针，即"不党、不卖、不私、不盲"。具体来讲，新闻媒介组织要替民众发表意见，对各党派平等视之，不考虑其背景；不接受一切带有政治企图的捐助或是投资，绝不因商业利益而牺牲公众利益；所有新闻工作者也不可因私人利益而损害公众利益；亦不可"盲从、盲信、盲动、盲争"。这"四不"方针树立起了新记《大公报》的公信力，使其成为抵御政治和商业势力的干预，维护社会的平等正义，保障民众知情权的典范。除了新记《大公报》，《新闻报》在1929年股权转让风波中所表现出来的对报业托拉斯的抵制，亦是其无党无偏，对新闻自由与独立的追求的表现。不可忽略的是，新闻媒介组织的公共性的表现，离不开知名学者、报人对西方自由主义理念的介绍，诚如蔡元培先生所言："伯轩先生游学于北美时，对于兹学，至有兴会，归国以来，亦颇究心于本国之新闻事业。今根据往日所得之学理，而证以近今所见之事实，参稽互证，为此《新闻学》一篇，在我国新闻界实为'破天荒'之作。"（蔡元培，1919：序言）

除此之外，新闻教育事业的蓬勃发展，大量新闻学著作的面世以及新闻学研究机构的成立为培养向往新闻自由，遵守新闻职业准则，具有高尚人格与新闻职业道德，敢于为公共利益担当的新闻职业记者，发挥了重要作用。其中的典型代表有北京大学新闻学研究会、燕京大学新闻学系、复旦大学新闻学系；任白涛的《应用新闻学》、邵飘萍的《新闻学总论》与《实际应用新闻学》、戈公振的《中国报学史》以及徐宝璜的《新闻学》；等等。他们的作用之所以如此重要，是因为新闻职业记者是新闻媒介组织的组成核心，是代表新闻媒介组织履行新闻传播职责的具体工作者，他们自身的角色定位会在一定程度上影响着新闻媒介组织的角色定位。换句话说，只有新闻职业记者树立了以新闻为本位的理念，新闻媒介组织才有可能表现其公共性的一面。诚如邵飘萍所言："我国今之营新闻业者，对于记者地位之观念，尤有轻视冷酷之习性，其结果倔强者遭摈斥，蒙宠遇者乃半属先意承志乞怜摇尾之徒。是人格既先破产，尚安能保其社会公人与第三者地位之资格？"（邵飘萍，1924）新闻职业记者若是腐朽昏庸，甘愿成为商业利益集团或是统治阶级的"御用笔杆"，那么公众的利益不仅无法得到维护，甚至公众自身也会被利用、被欺骗、被牺牲，当然，新闻媒介组织乃至整个新闻业的危机也就不远矣。需要补充的是，在这一阶段，新闻媒介组织的公共性，归根结底，离不开自由主义新闻理念的指导。无论是知名学者、报人的引进推荐，抑或新闻教育、新闻学著作、新闻学研究机构的推广，这些都只是自由主义新闻理念具象化的途径。理念的具象化最终还是要表现在新闻职业记者的行为实践、新闻产品、新闻管理的制度规范、新闻媒介组织的角色定位等方面上。关于新闻媒介组织、新闻管理与新闻观念的关系，本研究第五章会有更为详尽的论述。

不过，独立自由的新闻媒介组织的兴起并不意味着其全面取代了宣传动员的新闻媒介组织。相反，在民国初年，政党报刊已然勃兴，并且随着政治时局的变化，政党的报纸、政党的电台逐渐占据着更为重要的位置，而独立自由的新闻媒介组织却日渐式微。本质上，政党媒体的核心功能是宣传，而关于宣传的内涵，一般来讲，是"为达到说服、劝导或教育的目的，向个体或群体传播某种有说服力的观点或意识，以影响宣传对象的思想和行为，使之向所希望的方向发展的一种活动"。（郑邦俊，1989：2）当然，宣传的内涵亦有所外延，比如，洗脑、公关、鼓动、灌输、控制，等等。这一时期，包括国共两党在内的政党媒体，采用的宣传报道方式主要是政治性的宣传，即宣示自身的立场、观点，团结更多的支持者，指引他们开展相关的活动，并且要对政治对手予以激烈的批判。

　　相比较而言，受到苏联共产主义党报理论熏陶的中国共产党人，在从事宣传报道的过程中较为得心应手，并未有严重的角色模糊、角色冲突与角色压力。毛泽东同志曾指出："在我们为中国人民解放的斗争中，有各种的战线，就中也可以说有文武两个战线，这就是文化战线和军事战线。我们要战胜敌人，首先要依靠手里拿枪的军队。但是仅仅有这种军队是不够的，我们还要有文化的军队，这是团结自己、战胜敌人必不可少的一支军队。"（毛泽东，1942）一方面，中国共产党着力将党的媒体打造成为与反动势力进行斗争的平台，在揭露他们腐朽本质的同时，既教育了广大民众，又宣扬了自身的主张，塑造了党的合法性、正当性与革命性。《〈红色中华〉发刊词》中写道："要尽量揭破帝国主义与国民党军阀及一切反动政治派别进攻革命欺骗工农的阴谋，与反动统治的内部冲突崩溃，及一切政治内幕，介绍苏区非苏区红军斗争，工农革命运动的消息，使工农劳苦群众，懂得国际国内的政治形势，与必要采取的斗争的方法，而成为扩大苏维埃运动的勇敢的战士。"（《〈红色中华〉发刊词》，1931）

　　另一方面，中国共产党根据不断变化的社会文化背景以及从事新闻生产活动的经验教训，对党的媒体的角色定位做出了新的定义，即党的新闻媒介组织亦是人民的新闻媒介组织，党媒工作的成功与否关系到革命事业的成败，关系到全体人民的幸福生活是否可以实现。每一家党的媒体都要成为指导人民革命实践的战斗堡垒，都要成为组织、号召、动员广大民众的坚实力量，绝不可脱离人民群众，因为"只有为人民服务的报纸，与人民有密切联系的报纸，才能得到真实的新闻"。（陆定一，1943）"我们的报纸也要靠大家来办，靠全体人民群众来办，靠全党来办，而不能只靠少数人关起门来办。"（毛泽东，1948）同样，中国共产党也对新闻记者进行培训教育，直观上看是反"客里空"运动的必然结果，从根本上也是对保持新闻媒介组织的党性，更好地发挥其组织动员功能的必要准备与支持。刘少奇就曾对新闻记者提出了四点要求：要有正确的态度，你们是人民的通讯员，是人民的记者，要全心全意为人民服务；必须独立地做相当艰苦的工作；要有马列主义理论修养；要熟悉党的路线和政策（刘少奇，1948）。总的来看，中国共产党领导下的新闻媒介组织不仅学习领会并贯彻落实了列宁所提出的"报纸不仅是集体的宣传员和集体的鼓动员，而且是集体的组织者"这一论断的精神内涵，而且在中国革命的具体实践中逐步将自身塑造成为人民的媒体，全心全意为人民服务的媒体，实质上，这是党性与人民性的统一这一理念的具体表现。

这一阶段，不仅是中国报业勃兴发展的时代，也是中华民族在艰困中求索的时代。伴随着多种社会思潮的涌入，志士仁人们尝试了不同的改革道路来寻求中国社会的蜕变，而在这一整体的变革进程中，新闻媒介组织的作用是不容忽视的，可以说，它是将普罗大众同中国社会的前途命运联结起来的中介。然而，社会环境的时移世易，道路选择的不同，新闻观念的差异决定了新闻媒介组织的角色是不断变化的。由前文所述可以得知，中国新闻媒介组织在这一阶段所扮演的角色既包括民众的启蒙者、社会的观察者，也有监督政府的批判者以及动员民众的宣传者。这四种角色的出现顺序虽有先后，但并不是后者取代前者的更迭模式，即使在某一时期某一角色占据着主导地位，亦不会对其他角色的生存空间有过于严重的压制，当然，这与当时中国社会的内忧外困，且没有建立一个完整强大的政治领导体制有很大关系。总体来讲，这一阶段的实质是破除了封建统治时期的信息霸权与信息垄断，中国新闻媒介组织出现了多元共存的局面，广大民众也能够倾听到不同的声音，只不过，这多种声音并不代表其传播内容的总体质量也很高。

中国社会在第二阶段的显著变化是在建立了无产阶级领导的，以工农联盟为基础的，人民民主专政的社会主义国家之后，进入了社会主义的全面建设时期。社会背景发生了剧变，相对应地，新闻传播领域也随之出现了重大改变。党领导的媒体占据了绝对领导地位，而以往的私营媒体、国民党的媒体都不存在了。不过，在新中国成立初期，党领导的媒体还是很好地贯彻了党性与人民性相统一的这一基本指导理念，并且能够客观地看待新闻报道的基本理论与基本方法。刘少奇在听取新华社的工作情况和问题的汇报后，指出："现在的新闻报道有偏向——只讲好的，有片面性。应该好的要讲，不好的也要讲。讲坏的，不是什么都讲；什么都讲，是客观主义，是有闻必录；而是经过思考，经过观察，有自己的见解。"（刘少奇，1956）"我们的报道要真实，自然也要注意立场。我们要采取老实态度，实事求是，这是不会吃亏的。"（刘少奇，1956）随后，《人民日报》在1956年7月1日发表社论《致读者》，提出《人民日报》要改版为八个版，并在三方面改进工作："一、扩大报道范围；二、开展自由讨论；三、改进文风。"然而，由于对国际国内形势的错误估计，"左"倾路线逐渐成为主流，阶级矛盾、敌我矛盾被误认为是社会的基本矛盾，阶级斗争愈演愈烈，也由此，新闻媒介组织俨然成为阶级斗争的阵地与工具，其宣传职能彻底取代新闻职能。这也就不难解释在"大跃进"、人民公社化运动中出现了大量"放卫星"的报道，其本质就是不切实际、虚张声势、浮夸风盛行，严重违反了新闻报道的真实性原则，也可以说，这些文章都不足以被称为新闻。而"文化大革命"的十年可谓是党的新闻媒介组织工具化的极端时期。

事实上，在这一阶段，我国新闻媒介组织所扮演的角色十分单一，即党的耳目喉舌或是党的宣传者。这是片面强调工具理性而忽视价值理性的结果。回溯这一段历史，作为共产党领导的社会主义国家，由党的媒体承担宣传任务是可以理解的，但是，宣传活动毕竟不等于新闻传播活动的全部。新闻媒介组织所暴露出的问题不是因为其扮演了宣传者的角色，而是因为它只是宣传者。由于被认定是"资产阶级新闻理论"，新闻媒介组织的基本功能——监测环境、传播信息与社会协调——被彻底摒弃。总之，信息来源单一（主要是"两报一刊"）且内容一味地强调政治宣传，不仅不能满足受众的基本信息需求，而且还容易固化人们的思想，进而阻碍社会的全面发展与进步。

以党的十一届三中全会为标志，我国进入了改革开放的新时期，经济体制改革如火如荼，政治体制改革也稳步推进。同样，社会环境的变化给新闻媒介组织的转型发展注入了新的活力。新闻传播领域进行了拨乱反正，全面否定了在"大跃进"、人民公社化运动以及"文革"中，新闻报道出现的"假、大、空"现象。传播学在中国的发展也正式"破冰"。由此，我国新闻媒介组织的角色也出现了一些新的变化。

　　首先，表现为对新闻本体功能或是新闻专业功能的再思考。民国时期，新记《大公报》《新闻报》《申报》等一批知名的大报在媒介经营管理上都取得了成功，新中国成立后，新闻的商品属性遭到了批判，被认为是"资产阶级新闻理论"，因而，我国的新闻媒介组织直至1978年年末都是靠财政拨款来维持日常运转。随着实行"事业单位，企业化管理"的指导原则，新闻媒介组织的内生动力得以被激活。重新刊登广告，建立自办发行机制，创办报纸周末版、晚报、都市报、都市广播、都市频道，开展多种方式经营，实施股份制改革等一系列举措使其在经营上取得了成功，获得了丰厚的回报。新闻媒介组织参与市场竞争，一方面可以有效缓解国家的财政负担，另一方面在生存与盈利的压力下，新闻报道的质量也会相应得到提升。另外，不同于之前被定性为阶级斗争的工具，按照新闻传播的基本规律，真实、及时、客观、全面、公正地报道新闻成为改革开放时期新闻媒介组织的基本职责，满足受众的基本信息需求，肯定新闻价值的存在亦不再被认为是"资产阶级新闻学"。除此之外，以"渤海二号"钻井平台沉船这一特大事故的报道为标志，负面报道、深度报道等新闻报道形式再次兴起，新闻媒介组织也逐渐开始扮演舆论监督的角色。其中，《焦点访谈》《新闻调查》等栏目就是这一角色的具体表现。敬一丹曾谈道："《焦点访谈》的功绩在于把舆论监督从生词变为熟词，而现在的'理所当然'离不开当初的开拓，所以说《焦点访谈》具有样本意义。"[①] 1987年，在党的十三大报告中，首次提出了"舆论监

---

① 该发言出自2015年5月8日，敬一丹在中国人民大学新闻学院所作的题为《电视新闻下的变与不变》的讲座。

督"，这是党对舆论监督作用的肯定，也是对新闻媒介组织专业功能的肯定。党的十九大报告指出，"构建党统一指挥、全面覆盖、权威高效的监督体系，把党内监督同国家机关监督、民主监督、司法监督、群众监督、舆论监督贯通起来，增强监督合力"。所以，舆论监督成为党从严治党、治国安邦的重要武器。发挥好舆论监督的专业职能，新闻媒介组织不仅能够提升自身的公信力，而且有助于改进党的领导，提高党的执政能力与领导水平，增强党的权威，密切党群干群关系，维护人民群众的合法利益。

其次，我国的新闻媒介组织仍然扮演着宣传者的角色或者说是党的耳目喉舌的角色，从根本上讲，这是由我国的政治体制决定的。1989 年，李瑞环在中宣部主办的新闻工作研讨班上指出，"新闻报道必须坚持以正面宣传为主的方针"，"新闻宣传工作要做到有利于稳定，有利于鼓劲，只能帮忙，不能添乱"。（李瑞环，1989）1996 年，江泽民在视察人民日报社时提出了"舆论导向正确，是党和人民之福；舆论导向错误，是党和人民之祸"的"福祸论"。（江泽民，1996）可以看出，宣传的内涵较之以往发生了变化。之前，新闻媒介组织是革命的动员者、组织者，是阶级斗争的工具，而在改革开放时期，新闻宣传工作的主要目的是要求稳定，促团结，正确引导社会舆论，维护国家整体利益。而且，新闻媒介组织在宣传报道的形式上做出了很大改变，区别于以往的"大批判"、口号动员等简单直接的语言表达方式，这一时期的宣传报道力图在形式上更加生动活泼，更容易让民众所乐见，追求的是在"润物细无声"中实现情感的共鸣，"三贴近"、"走转改"、锤炼新闻工作者的"四力"等活动就是其中的典型。

我国的政治体制决定了新闻媒介组织不可以丢掉宣传者的角色，但这不会也不应该成为阻挠新闻媒介组织发挥其专业功能，更好地为广大人民群众服务的理由。也就是说，党既要加强和改善对新闻事业的领导，也要为激发新闻媒介组织及其工作者发挥主观能动性，创造性地开展新闻舆论工作提供必要的鼓励与支持。习近平总书记在主持召开党的新闻舆论工作座谈会时就强调："新闻舆论工作要坚持党的领导，坚持正确政治方向，坚持以人民为中心的工作导向，尊重新闻传播规律，创新方法手段，切实提高党的新闻舆论传播力、引导力、影响力、公信力。"（习近平，2016）可见，以新闻为本位，按照新闻传播规律开展实践，提高新闻媒介组织的专业角色的地位，不仅不会削弱其宣传者角色的实力，相反，这是要让民众了解一切，是对人民群众负责，会更加巩固好党的执政根基。其实，我国新闻媒介体制的演变更新与发展完善就是在"变"与"不变"中不断凝聚共识，寻求平衡的。

不可忽略的是，"后新闻传播时代"①的媒介生态环境的变化给我国新闻媒介组织带来巨大冲击。新媒体的发展使得原本绝对掌握在新闻媒介组织手中的传播权力转化为人民群众可在一定程度上自由行使的普遍权力，新闻传播活动已然普遍化、大众化、社会化与公共化。在新闻传播主体这一维度上，表现为由职业新闻传播主体、民众个体传播主体和非职业、非民众个体的组织（群体）传播主体所组成的"三元"类型结构，新闻传播活动进入了"共"时代（杨保军，2013）。信息传收结构发生变化，民间新闻的影响力与日俱增，非职

---

① 参见杨保军（2008）. 简论"后新闻传播时代"的开启.《现代传播》，30（6），33-36.

业新闻传播主体冲击着职业新闻传播主体的权威地位与可信度，新闻传播活动秩序正在发生深刻改变。既有的冲击和挑战对新闻媒介组织提出了更高的要求。

简单来讲，就是要让我国的新闻媒介组织尽量地发挥其专业功能，以新闻为本位，服务公共利益。毕竟，在拜金主义思想的扭曲下，新闻媒介组织及其工作者被金钱与利益所俘获而失德的案例屡见不鲜，如"山西封口费事件""《21世纪经济报道》新闻敲诈事件""陈永洲事件"等。而且，诚如上文所述，传播信息的权利已不再被新闻媒介组织所独有。因此，新闻媒介组织应调整工作重心，依靠自身长时间积累的公信力与权威性，通过权威发布、深度报道等形式，在信息泛滥的大环境下，致力于为人民群众甄别出有效的信息。另外，随着社会民主化进程的加深，信息多元化与开放度的提高，人民群众对基本权利的保障、公共生活的质量等方面有了更高的要求，这也是群体性事件不断爆发的重要原因之一。作为联系精英集团与草根阶层的中介，新闻媒介组织理应成为人民群众参与公共生活的助推器，维护社会公平正义的坚强力量，服务人民群众的根本利益。当然，在这一点上，新闻媒介组织并不是号召人民群众反对党和政府的"敌对势力"，相反，它是一个尊重个人的基本权利与尊严的，有社会良知与社会公义的机构。它有助于让人民群众更便利地参与公共生活，了解社会运行的实际情况，监督政府作为，也有利于政府倾听人民群众的意见与建议，最终推动各项决策的科学化与民主化。事实上，新闻媒介组织可谓是整个社会的"减压阀"。

因此，从总体上看，改革开放之后，在现实环境中，我国新闻媒介组织的基本角色是党和政府的宣传者与人民利益的维护者，并且，这两种角色在根本上是统一的、一致的，这是由党性与人民性的统一决定的。在一般意义上，党是人民的党，是全心全意为人民服务的党，政府是人民的政府，是一心一意为人民造福的政府，我国的新闻媒介组织按照党和政府的要求从事宣传工作，其实也是完成广大人民群众所交代的任务，同样，我国的新闻媒介组织遵循人民群众的意愿进行舆论监督，也恰好是党和政府自身建设的紧迫需要。

总的来看，改革开放时期，我国新闻媒介组织的角色也是多元共存的，但是这一时期的多元共存同第一阶段的多元共存相比，其内涵还是有较多差异的。如前所述，在第一阶段中，我国新闻媒介组织的各种角色虽拥有各自的发展空间与发展路径，但相互之间的联结是松散的，在根本上也并不是一致的。然而，在改革开放时期，作为党和政府的宣传者与人民利益的维护者的我国新闻媒介组织，不仅拥有良好的发展空间与发展路径，更为重要的是，它们相互之间的关系在根本上是一致的，有着共同的实践指向。也就是说，目前我国新闻媒介组织在角色上的多元共存是统一基础之上的多元共存，或者可以将其称为多元统一。而且，同第二阶段相比，我国新闻媒介组织在改革开放时期的角色更是有着巨大的进步。当然。这一进步是与时代的进步携手同行的。笔者相信，伴随着中国特色社会主义进入新时代以及新媒体时代的深入发展，公民意识会进一步地被激发，我国新闻媒介组织在维护社会和谐稳定、促进社会公平正义、健全社会主义民主与法治的进程中会发挥更大的建设性作用。

2.3.2　我国新闻媒介组织基本角色演变趋势

克利福德·克里斯特安斯（Clifford G. Christians）等五位学者在

其合著的《媒介规范理论：民主社会中的新闻业》（*Normative Theories of the Media：Journalism inDemocratic Societies*）一书中，将新闻媒介组织所扮演的角色总结为监督者（monitorial role）、促进者（facilitative role）、激进者（radical role）与合作者（collaborative role）四种（Christians，Glasser，McQuail，Nordenstreng，White，2009：125 - 127）。其中，监督者的角色最深入人心，也最不具争议；促进者，前文已有简述，它基于对新闻媒体的独立自主的身份定位与社会责任理论，通过支持与鼓励公众的社会参与来提高公共生活的质量，当然，它的落脚点是面向全体民众的而不只是某个人的权利与利益；激进者，主要揭露权力的滥用，唤醒公众对不道德的行为与社会不公的批判意识，从根本上致力于推动社会变革，因此，它往往不受威权主义政体的欢迎；在战争等特殊的情境下，媒体同国家之间往往是合作的关系，不过，在一般条件下，为了维持社会的稳定，新闻媒体也经常成为国家的合作者，只因这一角色有违新闻专业主义的基本原则才会受到一些质疑。

笔者认为，在一般情况下，上述四种角色基本涵盖了新闻媒介组织所能扮演的角色可能，只不过，这四种角色不一定全部出现在某一社会情境中，而且，在每一种特定的社会情境内，必定会有某一种角色占据着主导位置，另外，每一个新闻媒介组织也会根据社会语境的转换来调整自身的角色。当前，全球新闻事业总的发展趋势是各种角色的新闻媒介组织的多元共存与互动。诚如本研究所述，我国已进入中国特色社会主义的新时代，既要大力发展市场经济，又要坚持和完善中国特色社会主义制度，推进国家治理能力与治理体系现代化。因此，无论是新闻传播领域还是社会其他事业，我们都不能用单一的视角进行剖析，相反，要将既有的政治经济现实同各自领域的专业特征综合起来考量，做到统筹兼顾、分类指导。

有学者说，目前中国有两种互相博弈的新闻范式，它们体现在对专业新闻媒体和政党媒体的评价中（Pan，Joseph，2003）。先不说此种表述对于我国新闻媒介组织的划分存在一定不足，就是对我国新闻媒介组织的角色及其相互之间的关系的判定也有一些偏颇之处。正如前文所讲，我国的新闻媒介体制是以宣传为主导，或者说是宣传主导型，且带有一定专业色彩的中国特色新闻媒介体制，我国新闻媒介组织的基本角色是党和政府的宣传者与人民利益的维护者。的确，在我国新闻传播事业发展的进程中，我国新闻媒介组织的专业功能在不断增强，发挥的作用也越来越大，可以说，它们是自由的、服务的与合理的，具备了"监督者"和"促进者"的特征。但是，这并不意味着专业功能同宣传功能之间，党和政府的宣传者与人民利益的维护者这两种媒介角色之间是冲突、抗争的关系，相反，我国的新闻媒介组织在具体的新闻实践中是相互补充、相互促进的，党和政府的宣传者与人民利益的维护者这两种媒介角色会长期共存，相辅相成，彼此之间的关系是有机统一的。因此，中国的新闻媒介组织不同于西方社会中的新闻媒介组织，中国新闻媒介组织的基本属性特征与主要功能作用也同西方的新闻媒介组织存在差异，自然，中国新闻媒介组织的角色也会区别于西方的新闻媒介组织。总的来说，我们还是要在坚持党对新闻事业的领导这一前提下，在我国新闻媒介体制的基本框架内，讨论我国新闻媒介组织的角色及其演变趋势，而不是拿西方的理论总结来套用中国的具体实际。

本研究认为，未来我国新闻媒介组织的角色演变趋势是党和政府的宣传者与人民利益的维护者在长期共存和相辅相成基础上的深度融合。具体来讲，作为党和政府的宣传者，要做到党媒姓党，坚定地成为党的耳目喉舌，听从党的统一决策部署，认真贯彻落实党的新闻宣传工作纪律，维护党中央的权威，宣传党的主张，解释党的路线方针政策，有效组织社会舆论，开展社会动员。事实上，党和政府的宣传者的角色是要从上至下发挥其引导功能。而作为人民利益的维护者，就是要在党的统一领导下开展工作，不得违反党关于新闻舆论工作的一系列路线方针政策。要通过具体的新闻报道，发挥其监测社会环境，促进社会协调，反映人民群众诉求，开展舆论监督，传承优秀文化的功能，努力让事实说话，追求真理，监督政府，服务公众，充分发挥政府与公众之间的桥梁和纽带作用。其实，人民利益的维护者的角色是要从下至上发挥其监督作用。

正如前文所讲，党和政府对新闻舆论工作提出的要求就是人民群众对新闻舆论工作的期待，因此，作为党和政府的宣传者的新闻媒介组织从上至下进行宣传引导，作为人民利益的维护者的新闻媒介组织从下至上进行舆论监督，也应当是一致的。无论是党和政府主办的媒体，还是都市类媒体与商业网络媒体，都应当为实现党、政府与人民群众的根本要求而努力，这是它们在实践中的根本指向。具体来讲，对于我国的新闻媒介组织而言，就是要在宣传引导的过程中更多地从人民群众的角度进行考虑，同样，在舆论监督的过程中也要多从党和政府工作全局的视角进行把握。实际上，这就是党和政府的宣传者与人民利益的维护者，这两种新闻媒介组织角色相互融合的过程。

诚如哈林教授所谈，新闻媒介体制的核心在于互动性。自然，在相当一段长的时间内，这两类角色会继续在中国特色新闻媒介体制当中互动，只不过这种互动不会也不应该是一方试图消灭另一方的互动，其互动指向是和谐共生，有机统一与深度融合，从而确保中国特色新闻媒介体制的良性运行。事实上，作为党和政府的宣传者与人民利益的维护者的新闻媒介组织的相互融合，是一个自主自觉的过程，它符合党和政府以及人民群众的主观需要，顺应我国社会发展的大势，有助于我国新闻媒介组织提升自身能力，维护社会公平正义，提高公共生活质量，推动公民社会发展，助推国家现代化建设。

第3章　新闻媒介体制的保障
——新闻管理制度

在讨论新闻管理制度如何在新闻媒介体制内发挥保障作用之前，我们需要对制度以及新闻管理制度的内涵加以简要说明。

何谓制度，制度经济学家道格拉斯·诺思指出："制度是为人类设计的、构造的政治、经济和社会相互关系的一系列约束，是人类设计出来的形塑人们互相行动的一系列约束。"（诺思，1990/1994：64）罗尔斯（Rawls）对制度的理解是："一种公开的规范体系，这一体系确定职务和地位及他们的权利、义务、权力、豁免等。这些规范指定某些行为类型为能允许的，另一些则为被禁止的，并在违反出现时，给出某些惩罚和保护措施。"（罗尔斯，1971/1988：54）杨保军则将制度概括为："一套规则或规范（体系），是人们在实际生存、生活、生产中形成的为范导或约束自己的行为而制定的规范或规则（体系）。"（杨保军，2014：329）在对制度的诸多理解中，我们可以发现，其中有四点基本要素。其一，制度的创立离不开创建主体，也就是政府、民间团体或其他有一定组织结构的群体，自然，制度的创立反映了创建主体的主观需要与诉求，是某种观念的形式化、规则化与符号化的表现；其二，制度通常是以法律、规范、准则、纪律等明确的文字语言叙述来呈现；其三，制度的效用或者是功能就在于其有约束力，这既包括强制约束，也包括非强制约束；其四，制度的创立离不开一定的机制，而使制度的约束力真正发挥作用同样也离不开机制的保障。

　　新闻管理制度则是制度在新闻传播领域的具体化，它是政府、行业协会与新闻媒介组织为约束新闻活动主体［职业新闻传播主体、民众个体传播主体和非职业、非民众个体的组织（群体）传播主体①］的新闻传播行为，通过相关程序与办法而制定的一系列具体的职业规范与准则。在本研究中，新闻管理制度区别于基本的社会制度，后者旨在规定整个社会制度体系的性质，并成为具体社会制度的内容及其变迁的动力、方向与方式的依据，而前者则属于制度的中观层面，或者可被称为中层制度。它在受到基本制度制约的同时亦对其变革发挥着反作用，同样，中层制度既约束着具体的组织与个人的日常行为，又受到这些行为在长期实践中所累积的促使其变革的反作用。因此，中层制度在整个社会制度体系中发挥着承上启下的作用，诚如有学者所言，"通过关注这些政治生活的中层制度，历史制度主义提供了'创造历史的人'和使人们得以创造历史的'环境'之间的理论桥梁，即把对个人行为和团体组织具体规则的微观制度研究与国家或跨国制

---

①　在后新闻传播时代，非职业新闻传播主体能够以社会化、公共化的身份与方式"自由地"进行信息传播、意见表达与交流讨论，这从根本上改变了职业新闻传播主体独享信息传播权利的局面，他们也较以往拥有了更多的新闻自由，因此，新闻管理制度出现了社会化、公共化，或者简而言之，也就是"泛化"的趋势，非职业新闻传播主体必须要在制度规定的范围内进行信息传播活动，以防止滥用新闻自由所带来的信息传播活动秩序的混乱与信息传播环境的疯狂。

度的宏观制度研究贯通起来"。（西伦，1992/2007；转引自杨光斌，高卫民，2011）回到本研究，新闻管理制度这一中层制度"桥梁"，营造着新闻媒介组织及其工作者日常行为的制度环境，范导着这些主体的行为并与之发生互动。

3.1 两种基本的新闻管理制度

不同的思想基础塑造着不同的社会制度，自然，不同的社会制度也塑造着不同的中层制度，这其中，就包括新闻管理制度。一般而言，人类的新闻传播实践经历着冲破封建统治压迫，争取新闻自由；政党媒体的勃兴；大众化媒体的崛起与专业主义新闻生产方式的普及；强调新闻媒体的社会责任；数字时代传收关系的改变与民间新闻的异军突起等几个基本阶段。相对应地，也存在着职业的新闻管理制度与宣传的新闻管理制度这两类基本新闻管理制度来约束与范导着新闻媒介组织及其工作者的职业行为。除此之外，在"后新闻传播时代"，新兴的民间新闻也促使着这两类制度进行革新，以适应不断变化的新闻传播实践。

3.1.1 职业的新闻管理制度

职业的新闻管理制度并不是与生俱来的，而是众多思想先驱与新闻职业工作者在同封建贵族制、君主集权制，甚至是与威权制的斗争中一点一滴争取来的。这一斗争的直接诉求就是要摆脱封建法律对于新闻业的管制，使得新闻业能够独立自主。

从英法美这三个国家的具体实践来看，首先，在法律上，英国在"光荣革命"期间成功取缔了皇家特许出版公司与星室出版法庭，1695年又废除了报业许可证制度，法律的强行控制宣告结束。以1792年的《诽谤法》（福克斯诽谤法案）与1843年的《诽谤法》（坎贝尔公爵法案）的出台为标志，英国政府逐步放松了对言论的管控，并且在1868年，国会正式承认了新闻记者报道与评论国会新闻的合法权利。由此，相关的煽动诽谤诉讼实现了有法可依，新闻记者的名誉权也受到了尊重与保障。

法国在封建社会时期建立的出版特许制度与审查制度在1789年的大革命中被推翻，1881年，《法国新闻自由法》全面否定了仍旧存在的政府对报业实施的预先检查、出版许可等干预手段，并赋予法院评判新闻出版活动合法性的最终裁决权，维护了法律的权威与尊严。

相较于有较长封建统治历史的英法两国而言，美国的职业新闻管理制度的建立路径则完全不同。作为一个年轻的移民国家，美国没有过多的历史包袱，因此它为建立职业的新闻管理制度所付出的代价也相对较少。《宪法第一修正案》明确规定："国会不得通过建立尊奉某一宗教，或禁止宗教自由之法律；不得废止言论与出版自由；或限制人民集会、请愿、诉愿之自由。"（中国社会科学院新闻研究所，北京新闻学会，1981：183-184）200多年来，这一法案一直保护着美国的新闻媒体及其工作者，其历史地位与《人权宣言》一样，是职业新闻传播活动的合法性依据。

相对于在法律层面上的迥异，英法美三国新闻业在经济领域中的抗争则较为一致，那就是致力于废除包括印花税、纸张税、广告税与副刊税在内的"知识税"制度，保证金制度与津贴制度。事实上，政府设立这些经济制度的目的是以经济的手段取代法律的方式来继续对新闻业实行管控，一方面，政府通过发放津贴，调节保证金额度等来拉拢一些媒体，让其支持政府的立场与决策，自然，这些媒体的观点是反复的，也难以形成独立的立场；另一方面，政府通过征税来提高报纸的出版成本与发行价格，是为了让代表工人阶级的激进派报刊难以为继，广大劳动者失去一个获取基本信息、团结其他劳动者以及指导全国工人运动的平台，从而维护既有的政治经济基础与社会秩序。本质上，上述经济制度破坏了自由、公平的市场竞争环境，是政府管控报业，进而管控整个社会的工具。为此，上述三国的报业机构，尤其是激进报刊均采取了逃缴、拒缴"知识税"的策略，以保障自身权益。

需要补充的是，广告的投放分配也深刻地影响着新闻业的格局。出于维护现有的政治制度、经济利益与社会运行体系的考虑，政府会有选择地将官方广告投放给其所信赖的或是支持其政治主张的媒体，广告主在一般情况下也不愿同政府作对，所以他们往往会追随政府的选择，另外，广告主基于经济利益的考量，更倾向于将广告投放到面向中高层收入群体的媒体，而对面向低收入群体的媒体（主要是激进派报刊）则采取回避的策略。实际上，这是一种严重的商业歧视与政治歧视，既给部分媒体施加了巨大的生存压力，导致了新闻业内的不合理竞争，又使得商业力量与政治力量可以间接地操控媒体。诚如英国学者詹姆斯·卡伦所述，这是一种"新兴的许可证体系"。"这一体系不同于法律，既不能被规避，也不能被违抗。出版成本的上升导致了大众化报纸的所有权和管制权被逐渐转移到了资本主义的企业家手中；另一方面，广告许可证体系促使早期激进派报业被逐渐兼并或消除，并且还有效地抑制了后者的复兴。"（卡伦，2002/2006：121）以"新兴的许可证体系"为代表的隐性的管控新闻传播活动的制度措施，从根本上看，仍是西方统治阶级的政治诉求与商业力量的经济利益共同作用的结果。

从职业的新闻管理制度的确立过程中可以看出，法治思维与自由竞争是确立这一制度的两条主要路径，也可以被看作该制度最为显著的特征。不过，任何一项制度的建立都离不开对具体社会情境的经验总结，因此，制度是具体的，历史的，并不是一成不变的，具体到职业的新闻管理制度，也会依据不断变化的新闻传播实践而发生相应的改变。仍以英法美三国为例，在面对广播电视给新闻传播生态带来"新变化"时，英国先是于1954年通过了《电视法案》，成立了独立电视局；1972年通过了《无线广播法》，成立了独立广播局；1990年又通过了《广播电视法案》，随即成立了独立电视委员会与广播管理局。至此，公营、民营两大广播系统正式形成，商业广播电视可以独立运行。法国先是在1982年通过了《视听传播法》，解除了对民营广播电台的限制，随后，在1985年又解除了对商业电视台的限制，并最终确立了公营与民营并行的广播体系。美国于1996年通过的《通信法》是一部具有里程碑意义的法律，它着意修正1934年《通信法》给媒体带来的诸多限制，彻底打破了各媒体之间相互合作的壁垒，使政府的角色从注重对媒体的管理限制转变为促进媒体的全面竞争与公平竞争，并以此激活整个新闻事业的活力。

法律规范与经济策略在职业新闻管理制度中发挥着强制约束的作

用，即明确了新闻媒介组织及其工作者的具体活动范围，换句话说，就是阐明了新闻媒介组织及其工作者可以做什么，绝不可以做什么。诚如前文所述，制度的约束力既包括强制约束也包括非强制约束。一些具有非强制约束力的制度形式也是职业的新闻管理制度的重要组成部分，实际上，它们也划清了新闻媒介组织及其工作者的活动界限，只不过，它们所表明的是新闻媒介组织及其工作者应该做什么，不应该做什么。具体来讲，这类制度形式包括新闻道德自律守则、新闻专业评奖制度与新闻评议会制度等。首先，关于新闻道德自律守则，知名的有密苏里大学新闻学院院长瓦尔特·威廉（Walter Williams）制定的《报人守则》，该守则针对新闻媒介组织及其工作者提出了"新闻事业是神圣的职业"，"凡与报纸所刊载文章有关的人，就其全部职责而言，均为公众所信赖的人。不为公众服务而仅为私利驱使者，均为背信弃义之徒"等八项要求；日本新闻协会1955年补订了《新闻伦理纲领》，该纲领提出了七条职业标准，即充分享有新闻自由，新闻报道要真实，新闻评论要果敢直率，维护社会公正，怀揣宽容之心，拥有社会责任感与荣誉感，具有良好的社会公德与职业品格等。此外，美国的《报业信条》、英国的《英国报人道德规则》等也都是富有一定影响力的自律守则。上述自律准则规定了新闻媒介组织及其工作者的权利与义务，只不过由于自律准则的强制力羸弱，因此，其功效存在一定的局限性。为此，也有学者提出，要引入"专业责任架构"与"公共责任架构"，使新闻工作者脱离长久以来的"不由自主"的状态，才能让自律规范真正落实到日常的实务工作当中，从而建立"真正的自律"（刘昌德，2007）。

其次，新闻专业评奖制度。目前，全球最负盛名的新闻专业评选奖项是普利策新闻奖，此奖的获得者往往被认为是获得了行业内很高层级的认可。一般而言，设置专业评奖，一方面是要表彰在专业领域内做出卓越贡献的组织与个人，另一方面是要借树立榜样典型与专业名望来鼓励更多的组织与个人借鉴效仿。毕竟，"每个行业都有追溯和推崇先贤英雄的传统，作为整合行业内部成员的重要手段。这些人身上，往往集中着一个行业的理想和规范"。（陆晔，潘忠党，2002）因此，专业的评奖制度意在强调榜样的精神引领与激励示范作用，不过，从制度约束的角度来看，其约束力更为有限。同新闻道德自律守则与新闻专业评奖制度相比，发端于瑞典的新闻评议会制度拥有较强的约束力。新闻公评人与新闻评议会可强制媒体执行其裁决并处罚金，不过目前，执行这一制度最为彻底的国家仍旧是瑞典。由于在人员构成、专业资质、同政府之间的关系、资金来源等方面遭受质疑，再加上各自国家新闻事业发展的不同传统，资本力量的日益壮大，新闻评议会制度在英美等国家的实践并不成功，约束力较弱。

通过上述剖析，可以看出，职业的新闻管理制度是由具有强制约束力的法律规范与（市场）经济策略，以及以新闻道德自律守则、新闻专业评奖制度、新闻评议会制度等为代表的诸多具有非强制约束力的制度形式所共同构成的一组制度体系。该制度体系本质上是新闻专业主义理念的具体化与符号化，其主要功能就是通过对新闻媒介组织及其工作者的具体新闻实践的约束来捍卫新闻精神，维护新闻公正，这其中，法律规范与（市场）经济策略发挥着决定性的作用。事实上，职业的新闻管理制度相对应地表现出了两个核心特征：一是要用法治思维来保护与管理新闻实践，也就是要做到有法可依。要让新闻媒介组织及其工作者的合理合法合德的行为免受外部势力的干涉，因为"法治的基本点旨在将留给执掌强制权力的执行机构的行动自由减少到最低程度"。(哈耶克，1997/1944：94-95) 二是要用自由竞争的市场模式来发展新闻事业。实际上，实施自由竞争的市场模式，目的是让新闻媒介组织及其工作者实现经济上的独立自主，进而有能力摆脱外部力量的干预。同时，竞争机制的引入有助于打造观点的多元市场，有助于提高新闻生产的质量，有利于更好地满足受众的需求。总的来讲，职业的新闻管理制度直接维护的是新闻媒介组织及其工作者最基本的，也是合理合法合德的职业权利，而在根本上，它致力于维护的是民众获取真实且全面的信息的知情权。

3.1.2 宣传的新闻管理制度

伴随着政党媒体在19世纪的出现，宣传的新闻管理制度也应运而生。简单来讲，就是政党为实现其宣传目的而制定的用以管理政党媒体及其工作者的新闻生产实践的一套具有约束力的规范体系。苏联作为第一个社会主义国家，第一个建立了完备的宣传的新闻管理制度体系，同时也对其他社会主义国家建立该制度产生了重要的影响，因此，笔者将以苏联为例，对宣传的新闻管理制度进行分析。

宣传的新闻管理制度在苏联的建立并不是一蹴而就的，而是随着不同政治时期的演变而逐步推进的。首先，十月革命胜利后，出于巩固新生政权的需要，布尔什维克党就颁布了《关于出版问题的法令》，关闭了大资产阶级与反对派势力的报刊，严格禁止有关仇视共产主义、仇视布尔什维克党、仇视十月革命的言论的传播。列宁谈道："资产阶级社会的'出版自由'就是富人每天发行数百万份报纸来有系统地不断地欺骗、腐蚀和愚弄穷人——被剥削被压迫的人民群众。"（列宁，1970/1987：367）"出版自由就是富人有出版报纸的自由，就是由资本家霸占一切报刊。这种霸占的实际结果是使包括最自由的国家在内的世界各国到处都有卖身投靠的报刊。"（列宁，1974/1985：47）除此之外，布尔什维克政权还颁布了《中央执行委员会关于出版问题的决议》与《关于国家垄断刊登广告的法令》这两个新的规定，意在从经济上彻底遏制反对派的报刊。新经济政策时期，新闻出版政策发生了一定的变化，那就是允许私人或是集体的报纸、电台的存在，社会表达更趋多元。

1924 年列宁逝世，斯大林随即推翻了新经济政策，开始着手建立高度集中与封闭的政治经济体制。有学者曾将斯大林时期苏联新闻业的体制特点概括为：逐渐取消以市场经济的方式管理报刊，代之以计划经济的管理模式；以保密的名义实行新闻检查；所有新闻媒介的主要作用均是宣传鼓动和组织群众，以事实的政治意义作为选择报道与否的首要标准；禁止外国报刊在苏境内发行，建立干扰台，禁止公众收听外国电台的广播（陈力丹，王辰瑶，2014：93）。

从对苏联的分析中可以看出，行政指令是实施宣传的新闻管理制度的主要强制性手段。前文提到的《关于出版问题的法令》《中央执行委员会关于出版问题的决议》《关于国家垄断刊登广告的法令》等管理规范以及成立"国家新闻保密局"等管理机构，基本上都是以领导人的决策指示或是会议发言为蓝本，由中央执行委员会或是人民委员会负责具体制定并颁布实施的行政指令。实际上，它们有着同法律相似的约束效果。

同样，宣传的新闻管理制度也包括一些具有非强制约束力的制度形式，具体来讲，除了前文提到的新闻道德自律守则与新闻专业评奖制度之外，最为特殊的莫过于党校职业培训制度。宣传新闻事业要求思想一致、观点一致、行动一致，要服务于党和国家的工作大局，因此，评价一个新闻工作者，政治表现是放在首要位置的。党校职业培训的目的就是打造一支对党忠诚且业务过硬的新闻工作者队伍。通过培训，既可以增强新闻工作者的政治意识与大局意识，为宣传党的理论与主张奠定基础，又可以提高他们的业务水平，满足宣传新闻事业长期发展的需求。但从根本上讲，还是要让他们树立正确的政治理念，拥有正确的政治立场，做好政治性宣传工作。

宣传的新闻管理制度是由具有强制约束力的行政指令，以及以新闻道德自律守则、新闻专业评奖制度、党校职业培训制度等为代表的诸多具有非强制约束力的制度形式所共同构成的一组制度体系。该制度体系本质上是新闻宣传主义理念的具体化与符号化，其主要功能就是通过对新闻媒介组织及其工作者的具体新闻实践的指引来维护执政党的领导，支持执政党的主张。事实上，宣传的新闻管理制度相对应地表现出了一个核心特征，即宣传的新闻管理制度就是执政党用来管理新闻媒介组织及其工作者的新闻传播实践的重要手段，宣传新闻事业的媒介组织及其工作者要时刻把服从执政党的纪律，完成执政党的任务摆在首要位置，他们的工作就是要维护一致性，致力于赢得更多人的政治认同，而不是制造多元争论。

3.2 民间新闻的"崛起"对两种基本新闻管理制度的影响

"民间新闻是民众或社会大众以他们自己的兴趣、需求自主传收的新闻，这些新闻不经过新闻组织或机构的编辑、过滤。"（杨保军，2008）当前，民间新闻已然成为新闻事业的重要组成部分，其影响力同职业新闻相比已是不相上下，也可以说是给职业新闻带来了不小的冲击。它之所以能再次"崛起"，一方面是因为信息技术的发展，使得民众可以自由自主地成为信源主体或是传播主体，并同受众进行点对点、点对面、面对面的互动；另一方面是因为它所彰显的"去阶级化"的自由，"多数人"的自由与实质的自由（涂凌波，2012）的理念，本质上是对民众可以自主传收消息这一基本权利的尊重。

民间新闻相对职业新闻而言，受到的经济、政治、文化、专业、技术等方面的约束较少，且关注议题更为广泛，为职业新闻报道提供了很好的参考；职业新闻依赖一套完备的制度化的新闻生产模式，可以对一些重大的、特殊的、有深度的议题进行持续深入的报道，而且同民间新闻相比，它也拥有更高的权威性。总的来看，民间新闻同职业新闻之间既相互区别又相互联系。当然，民间新闻自身也存在诸多问题。由于信源主体、传播主体的基本文化素质和新闻专业素质良莠不齐，信息本身的真实性，新闻报道的全面性与客观性也易受到诟病，自然，民间新闻的总体质量难以得到保证。

　　时下是人人都参与新闻传播活动的时代。"当新闻图景越来越成为人们共同塑造的图景时，也就意味着，所有的社会成员都要为塑造新闻图景担当社会责任；自由、权利永远都是和责任、义务联系在一起的。"（杨保军，2008）目前关于民间新闻的管理，除了依靠一些最基本的法律规范与社会道德之外，更多地取决于信源主体与传播主体的自觉约束。这当中明显缺少针对民间新闻的管理制度。所以也就在一定程度上造成了民间新闻质量的参差不齐。因此，职业的新闻管理制度与宣传的新闻管理制度的公共化、社会化与大众化就显得十分必要。首先，将民间新闻的信源主体与传播主体纳入职业的新闻管理制度与宣传的新闻管理制度的管理范围；其次，把职业的新闻管理制度与宣传的新闻管理制度中的一些具有普遍意义的规范准则转化为全体社会成员应遵守的基本规范准则。拥有的自主权多意味着承担的责任也多。归根结底，这是要让民间新闻的信源主体与传播主体既按照一般的社会准则，又按照新闻传播活动的职业准则与宣传准则来约束自身的新闻传播行为。实际上，民间新闻的信源主体与传播主体同职业新闻的传播主体在这一点上是相通的，无论什么身份，都要在一般的社会准则与新闻传播活动的职业和宣传准则的双重约束下从事新闻传播活动。只不过，在一般情况下，民众对职业新闻传播主体的要求会更高，对他们的新闻报道也更为看重。

　　不能忽略的是，民间新闻的"崛起"对这两种基本新闻管理制度的影响是多方面的，除了促使这两种制度的公共化、社会化与大众化以外，民间新闻丰富的实践亦是促使它们自身演变与更新的重要来源之一。

3.3　我国的新闻管理制度

在我国，新闻传播事业是党的事业的重要组成部分，用宣传的新闻管理制度来管理新闻传播实践是题中之义。此外，2009 年，习近平同志在中央党校春季开学典礼上的讲话中指出："要提高同媒体打交道的能力，尊重新闻舆论的传播规律，正确引导社会舆论，要与媒体保持密切联系，自觉接受舆论监督。"2014 年，习近平总书记在主持召开中央网络安全和信息化领导小组第一次会议时强调："做好网上舆论工作是一项长期任务，要创新改进网上宣传，运用网络传播规律，弘扬主旋律，激发正能量，大力培育和践行社会主义核心价值观，把握好网上舆论引导的时、度、效，使网络空间清朗起来。"2016 年，习近平总书记在党的新闻舆论工作座谈会上强调，新闻舆论工作要"坚持党的领导，坚持正确政治方向，坚持以人民为中心的工作导向，尊重新闻传播规律，创新方法手段，切实提高党的新闻舆论传播力、引导力、影响力、公信力"。上述讲话都提到了要尊重新闻传播规律，这说明党对新闻传播工作的认知和领导新闻传播工作的方法都发生了新的变化，用职业的新闻管理制度来管理新闻传播实践成为党领导新闻传播工作的重要手段。这既是党在领导新闻传播工作过程中的实践总结，也是中国特色新闻事业与中国特色新闻媒介体制的重要标志之一。诚如笔者在第 2 章所提及的，未来我国新闻媒介组织的角色演变趋势是党和政府的宣传者与人民利益的维护者在长期共存和相辅相成的基础上的深度融合。自然，宣传的新闻管理制度与职业的新闻管理制度也要在新闻管理的实践中实现深度融合，在共同保障新闻事业良性运行的同时维护好党和人民的根本利益。

首先，在法律层面，我国《宪法》第三十五条明确规定，中华人民共和国公民有言论、出版、集会、结社、游行、示威的自由，公民的最基本权利得到了保障。除此之外，我国还制定了一系列行政法规，如《关于新闻采编人员从业管理的规定（试行）》《互联网信息服务管理办法》《出版管理条例》等，这些专门的法规基本覆盖了所有的媒介形态，整个新闻传播领域都被纳入法治管理的范围。虽然，我国尚缺一部规范新闻传播活动的专门法律，但总的来讲，我国新闻传播领域的法治建设水平是在逐渐提高的，法治思维日益深入人心。

其次，关于宣传纪律与行政指令，主要是党中央、中宣部以及各级宣传管理部门所做出的决策安排，如《中共中央关于深化文化体制改革、推动社会主义文化大发展大繁荣若干重大问题的决定》《中央宣传部、人大对外宣传办公室关于加强国际互联网络新闻宣传工作的意见》等。另外，领导人关于新闻宣传工作的讲话、指示、批示，也对新闻媒介组织及其工作者有着明显的约束作用。鉴于我国新闻事业的党性原则，宣传纪律与行政指令“要比法律更为严格，这是因为党要在宪法、法律范围内展开活动，因而它只能在法律前提下、在法律范围内提出更为严格的要求”。（杨保军，2014）

最后，在经济策略上，自《人民日报》等几家报纸实行企业化管理以来，市场经济的手段日益成为我国新闻事业发展的主要经营管理方式，它激发了整个产业的活力，资本流动更加频繁，媒体间竞争日趋激烈，诞生出不少拥有较高国际知名度以及较强商业与专业实力的新闻媒体。因此，我国新闻事业的市场竞争活力得到了激活与展现。

另外，以新闻专业评奖制度、新闻记者培训制度、高校新闻教育、新闻道德自律守则等为代表的诸多非强制的新闻管理制度形式亦是当前我国新闻管理制度的重要组成部分。它们均是以马克思主义新闻观为指导，秉持以人民为中心的思想，贯彻党的路线方针政策，坚持正面宣传为主，坚持正确舆论导向。

根据上述新闻管理制度的具体内容和制定主体的不同，本研究将我国的新闻管理制度划分为四种基本的制度形式，即正式的新闻管理制度、非正式的新闻管理制度、内部新闻管理制度与外部新闻管理制度。正式的新闻管理制度，是指通过文字形式表述的各种成文的法律规范、道德准则、规章约定等；非正式的新闻管理制度，是指在长期的社会实践中所形成的一些约定俗成的经验总结，如惯例传统、价值意识等，抑或不成文的约束限制，如命令指示、决策安排；内部新闻管理制度，在本研究中专指新闻媒介组织自身所制定的诸多用以约束其运行以及新闻工作者行为的规范；外部新闻管理制度，在本研究特指由党和政府制定、颁布的用以约束新闻媒介组织及其工作者行为的宣传纪律与政策、行政指令、管理条例、法律法规等。而目前我国新闻管理制度的具体实际如图3-1所示。

在 A 象限，也就是正式的外部新闻管理制度内，包括职业的与宣传的新闻管理制度，其内容主要是指成文的新闻管理法规与条例；在 B 象限，即正式的内部新闻管理制度内，也包含着职业的与宣传的新闻管理制度，但主要是指新闻媒介组织内部所制定的成文的行为规范；在 C 象限，即非正式的外部新闻管理制度则较为特殊，专指宣传的新闻管理制度，具体表现为上级领导或是宣传管理部门的直接指示；最后，在 D 象限，即非正式的内部新闻管理制度，仍旧包含着职业的与宣传的两种新闻管理制度，主要表现为约定俗成的共识或是惯例。综观这四个象限，最为突出的特征莫过于宣传的新闻管理制度的普遍存在，这也反映出宣传的新闻管理制度在我国的绝对领导地位，是党管新闻事业的鲜明体现。另外，内部新闻管理制度在整个新闻管理制度环境中占据了较大的比重。这是因为，在实践中，内部新闻管理制度往往优先于外部新闻管理制度，在内容上也更为严格，发挥着决定性的作用。一项不能满足内部新闻管理制度要求的新闻活动，一个有违内部新闻管理制度要求的新闻产品，注定无法经受住外部新闻管理制度的考验。不过，"内部管理制度只是基本前提，满足它并不意味着就符合外部新闻管理制度的要求"。（秦汉，杨保军，2015）

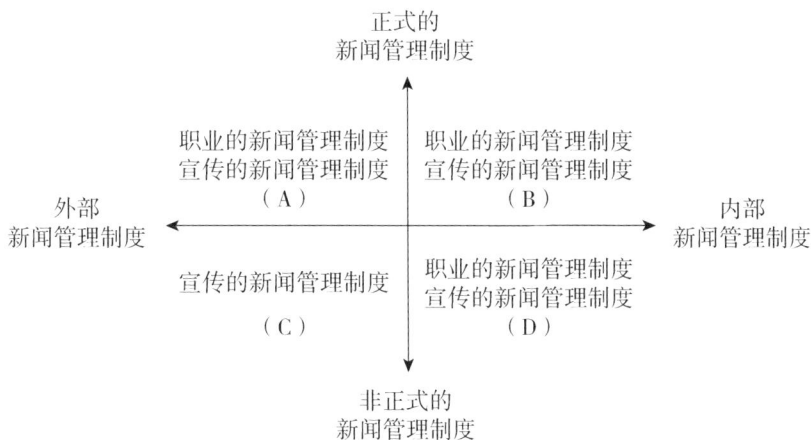

图 3-1 当前我国新闻管理制度概况

总的来看，以宣传纪律、行政指令为代表的宣传的新闻管理制度仍旧占据且会继续居于我国新闻管理制度的支配地位，并且，职业的新闻管理制度在约束我国新闻媒介组织及其工作者的新闻实践中也发挥着越发重要的作用。事实上，对于媒体的管理，尤其是对党媒的管理，我们首先依靠的就是宣传的新闻管理制度。本质上，这是中国特色新闻事业的应有之义。同时，这也是确保我国思想文化战线听党指挥，党的集中统一领导能够落到实处的重要保障。只不过，在后新闻传播业时代，面对民间新闻日益增强的影响力，宣传的新闻管理制度也需要及时进行调整与更新，以适应不断变化的新闻传播生态。至于职业的新闻管理制度，就像一些学者所讲的，"中国的政治改革不是许多西方学者理解的政治体制改革，这种改革不涉及基本政治框架的变动，而是一种以国家治理为重点内容的改革"。（俞可平，2018）作为管理新闻传播活动的一种手段，职业的新闻管理制度必须在国家的权力体制内充分释放其活力，一旦其逾越了现有的权力边界，那么，它必定不会被允许，活力也就随之丧失。

在我国的新闻管理制度中，宣传的新闻管理制度与职业的新闻管理制度是和谐共生的，关键是前者要把握好宏观方向，而后者也要根据社会环境的变化，发挥首创精神，注重方法、策略，努力在相互协商中不断调整与宣传的新闻管理制度之间的权力关系。其实，这两种制度的着力点均是要保护且约束我国的新闻媒介组织及其工作者，回归到上一章所讨论的媒介角色，就是要在中国特色新闻媒介体制内，既能保证党和政府的宣传者可以顺畅地上传下达，也能保障人民利益的维护者可以无畏地发声监督。但无论怎样，坚持党管媒体原则是不能动摇的，他们终究都是党领导下的新闻媒介组织及其工作者，宣传的新闻管理制度与专业的新闻管理制度也都是在党的统一领导下发挥各自职能，它们在根本上也是一致的。

3.4　舆论引导是我国新闻管理制度保障的成功实践

　　党的十九届四中全会提出要坚持和完善中国特色社会主义制度、推进国家治理体系和治理能力现代化，其中"完善坚持正确导向的舆论引导工作机制"正是治理体系和治理能力现代化建设的重要组成部分。实际上，有中国特色的舆论引导工作正是宣传的新闻管理制度与职业的新闻管理制度相互协调、相互补充的具体表现。从认识论的角度看，"引导"既体现了我国新闻舆论工作的根本要求，也反映了在媒介化社会和智能媒体条件下，做好新闻传播工作要符合媒介技术的内在规律。首先，引导是宣传的一种表现形式，它要运用各种符号与技巧，传播特定的立场、观点与事实，从而影响与把控人们的观念、态度与行为，也就是常提的"传者扬其理"。舆论引导主要是基于政治传播的视角，政党和政府对公共信息的传播进行一定的把控，进而实现一定的政治社会目的（付海钲，涂凌波，2019）。公众作为舆论的主体（陈力丹，1999：11），在形成舆论的过程中，面临着主客观等各种因素的制约，公众易于把自己的局部经验当作全部经验，甚至会形成偏见，具有非理智的成分。因此，在党性原则的指引下，引导是要同原有的宣传工作在根本上保持一致，即将人们的思想认识、态度和立场统一到党的路线、方针、政策上来，将人们的行为统一到对党的决策部署的贯彻落实上来，即新闻舆论工作要承担"高举旗帜、引领导向"的职责和使命。

其次，媒介化社会的形成使得舆论中公众的形态发生了很大的变化。公众，尤其是年青一代，越来越不愿意接受报纸或者电视提供的新闻集萃，而选择其他形式的信息接入方式（班尼特，2018：5）。而新技术的飞速发展更使得人们拥有了前所未有的传播权利与表达空间，人人都是新闻活动者，人人都可以根据自身具体的新闻需要来调整新闻活动的方式与形式。除此之外，对于公众的划分也变得越发困难，传统意义上按人口统计学指标进行的划分，或是按所属媒体进行的划分已不能分清当前媒介化社会下的受众现状。因相同的兴趣爱好或是立场观点而形成的网络趣缘群体多种多样，"圈子"文化日益兴盛，且新媒体的自组织性使得人们不能小觑这些群体的力量，而不少人横跨多个"圈子"，扮演多元角色，所以，对于受众，我们不可能再一概而论了。

最后，公众不再只是被动的受众，而是主动的用户，他们代表的是具有思考能力、表达能力与行为能力的主体，他们在相互沟通中形成自己的人际关系与社会关系。单方面地宣传灌输，不仅不会收到预想的效果，反而还会适得其反。哈贝马斯曾说："交往范式奠定了互动参与者的完成行为式立场，互动参与者通过世界中的事物达成沟通而把他们的行为协调起来。"（哈贝马斯，2011：347）对于公众的主体性，尤其是在新闻传播过程中的主体性，我们必须予以尊重，否则我们就无法在现实的交往过程中沟通协调，也就意味着无法达成一致、协调各方。正因如此，建立在沟通交往基础上的引导才会出现在新闻传播的话语体系内。

舆论引导是要呈现出合理合法合德的言论形态，这可以看作舆论引导的合目的性。合理不合理、合法不合法、合德不合德无非是对舆论引导的最终结果的评判，它同时也表明人们应该用这样的标准来规范自身的观念意识、言论表达与行为表现，并以此衡量人际交流沟通的过程。相对而言，合法与合德的内涵较为明确，即舆论引导的最终结果是否与明确的法律规范、道德规范相符合，总体上，也就是其是否与社会公共规范相符合。而对于作为标准的法与德，我们也需要根据时代特征做出相应的合理性评价。

至于合理，它不仅比合法与合德更为复杂一些，而且对合法与合德也存在指导意义。首先，需要明确，合理是要合乎一定主体需求的理。但是，主体本身是主观的、多元的、复杂的，这也就意味着主体的需求不一定都是合理的，有可能它本身就是错误的、不合规范的，也有可能是不合时宜的（超越特定历史情境或是倒退历史情境）。我们不难发现，近年来在一些网络舆论热点事件中，公众的要求就呈现出这样的特点，甚至出现了人肉搜索、网络暴力、网络欺凌等失范的现象。因此，在分析合理性时，不能只考虑需求的主体以及主体与需求之间的关系，需求本身是否具有正当性、是否符合社会发展的潮流才是关键。也就是说，要在合规律性的基础上做到合目的性，实现两者之间的统一。其次，就合理的内涵来讲，在根本上它要求舆论引导的最终结果应该是符合公共利益的。只有符合公共利益，才会让不同类型的舆论主体信服舆论引导的最终结果，才会在不同类型的舆论主体之间形成较为稳定的共识，求得最大公约数，才会有助于社会发展，进而反过来满足各舆论主体的合理需求。在我国，党领导新闻传播工作，舆论引导的最终结果必须符合党的主张，同时，它也要符合公共利益。而把党的主张的目的性与公共利益的规律性统一起来的是党性与人民性的统一。只有站稳党的立场，才能更好地反映人民群众的心声和愿望，为人民群众服务，而实现好、维护好、发展好最广大人民群众的根本利益也是党所有工作的出发点和落脚点。如若偏废一方，要么可能会导致党脱离群众，丧失新闻传播工作的阵地，要么可能会令党执政的合法性遭到质疑，影响改革发展稳定的大局。

舆论引导的最终结果在本质上应当是舆论引导目标的表现。理论上讲，有什么样的引导目标就应当有什么样的引导结果。当然，在实际的舆论引导过程中，引导目标的合理性、引导方法的科学性、引导主体的主观性、引导对象的复杂性以及公众自身的不确定性等因素都会导致舆论引导的最终结果与舆论引导目标不一致。不过，为了实现舆论引导最终结果的合理合法合德，明确舆论引导的目标是十分必要的，这也是从价值论的维度对舆论引导做出的评价。

首先，舆论引导的目标必须同客观实际相符合，这是判断舆论引导目标正确与否的标准，也是评价舆论引导目标的最终标准，可以说，它是舆论引导目标的生命力所在。舆论引导目标的制定是一个具体问题具体分析的过程，它不受也不应受涉事主体的影响以及其他舆论引导目标的影响。实际上，舆论引导目标的制定关注的应该是不断变化发展的"当下"。因此，舆论引导目标的制定必须做到与时俱进，根据"当下"的变化及时做出修正，以免因没有同客观实际紧密结合而造成误导。

其次，舆论引导的目标要同所处的具体社会情境相契合。从一般意义上看，舆论引导的目标是一致的、明确的，即追求合理合法合德的言论形态，不过，这并不意味着它要否认其他多元的、具体的舆论引导的目标，恰恰相反，同所处的具体社会情境相契合正是对这些舆论引导的目标的尊重与考量。无论是从社会发展进程的纵向维度来看，还是从同期的不同国家或地区、不同历史文化传统或是不同经济社会发展水平的横向维度来看，舆论引导目标的差异是必然的，如若不能够根据具体的社会情境来制定舆论引导的目标或是"张冠李戴"，不仅会造成误导，而且很有可能会引发社会的不稳定。党的十九大报告指出，中国特色社会主义进入了新时代，这是我国发展新的历史方位。历史发展阶段的变化，是我们制定舆论引导目标的最宏观、最根本的社会情境，舆论引导的方向应当是与"决胜全面建成小康社会，开启全面建设社会主义现代化国家新征程"的国家战略相匹配的。

最后，舆论引导的价值在于凝聚人心与再造共识。正如习近平总书记所指出的，"中国特色社会主义进入新时代，必须把统一思想、凝聚力量作为宣传思想工作的中心环节"（习近平，2018），"人心是最大的政治，共识是奋进的动力"（习近平，2018）。舆论引导作为凝聚人心与再造共识的重要手段，必须直面当前我国社会的主要矛盾，并通过舆论工作推动解决人民日益增长的美好生活需要和不平衡不充分的发展之间的矛盾。舆论引导的价值体现在最终促进了社会问题的解决与社会的良善，而绝非"消除舆论"或者制造虚假舆论。这是政府管理者、舆论引导者、新闻工作者以及公民都应当持有的正确舆论引导观念。习近平总书记指出："形成良好网上舆论氛围，不是说只能有一个声音、一个调子，而是说不能搬弄是非、颠倒黑白、造谣生事、违法犯罪，不能超越了宪法法律界限。我多次强调，要把权力关进制度的笼子里，一个重要手段就是发挥舆论监督包括互联网监督作用。"（习近平，2016：9）

只有全面地、辩证地分析舆论，将舆论引导与舆论监督统一起来，坚持"以人民为中心"的工作导向，舆论引导才能实现最终的目标与价值，才能够在实际的新闻工作中站得住脚、经得起考验，才能在全社会包括网上网下形成最大同心圆，也才能在凝聚人心的基础上服务大局、沟通世界。

从历史向度来看，舆论引导自始至终是党的新闻宣传工作体系中的重要一环，关系着党和国家的工作全局，是意识形态工作的重要组成部分；从当下的传播现实来看，舆论引导与新的技术和社会背景下全新的宣传格局相匹配。这一格局就是要打破传统意义上宣传工作的"制造共识"，构造以凝聚人心为核心的新的共识，即"再造共识"。这是一种新形态的宣传模式，在这样的模式下，舆论引导和新宣传是密切结合在一起的。换句话说，这也正是职业的新闻管理制度与宣传的新闻管理制度紧密结合、共同塑造与"保驾护航"的结果，我国新闻管理制度的管理指向就是要为实现凝聚人心，再造共识提供服务保障。正如有学者谈道："既能满足知识分子和一般民众的要求，又能让领导人维持社会秩序。"（傅高义，2013：658）实现活力与秩序之间的平衡其实就是解决目前"乱"或"死"的问题的可行性策略，它在发展中实现了稳定，在稳定中促进着发展。这使得新闻媒介体制虽然在不断地变迁，但始终都是处在一个平衡的状态之下，即从旧的平衡向新的平衡平稳演进。

舆论引导是权力主体根据媒介化的社会情境自主自觉地提出来的，它需要运用各种符号来影响人们的信息接收、价值判断与行为输出，它以人们的公共利益为落脚点，追求的是最大限度的社会沟通与妥协。虽然在一定程度上，新宣传只需要说服与组织生存息息相关的特定受众即可（刘海龙，2007），但这并不意味着细分化的广大受众（用户）之间不可能形成"最大公约数"。当面对事关全局性的议题时，权力主体也绝不会仅仅满足于影响与组织那些相关的特定受众，而是寻求最大共识的达成。所以，从根本上讲，智能媒体时代的舆论引导需要凝聚人心、再造共识。人本逻辑是互联网今后发展的趋向所在（苏敏，喻国明，2019）。集体的共识是一种意识形态，也是一种社会认同。社会认同可以慢慢内化为"默会知识"，为人的社会认知和价值判断提供解释框架（张涛甫，2017）。社会共识既是党在革命、建设与改革各个历史时期的一贯追求，也是智能媒体时代自由、多元、分化、个体的普通民众（网民）的内在需要。

第4章 新闻媒介体制的灵魂——新闻观念

　　观念，是主体对于客观事物的认知，也是主体对于客观事物的思考、情感与评判，可以说，观念也是一种意识形态。作为观念的上层建筑，主义决定某一领域人们的价值取向，规范和约束其具体的实践，也就是说，有什么样的主义，就有什么样的行为。当然，社会环境的变化，具体行为实践的不断探索也会对观念起到一定的反作用，推动着观念的调整、更新与变革。新闻观念，实际上，是观念在新闻传播领域的具体表现，是新闻职业主体①对于新闻的认识、反映、思考、情感与评判，是由诸多具体的新闻观念所组成的复合观念系统。简单说，它是关于"新闻是什么"与"新闻应该是什么"的观念（杨保军，2011）。

　　自然，有什么样的新闻观念，就会有什么样的新闻行为。新闻观念的主要功能就是要让新闻媒介组织及其工作者在宏观上做出价值选

---

① 在一般意义上，新闻职业主体的新闻观念是讨论的重点，不过，随着"共"时代的开创，新闻传播主体"三元"类型结构的形成，民众个体传播主体、非职业与非民众个体的组织（群体）传播主体，这两类非新闻职业主体的新闻观念亦值得关注，本章会专门进行分析。

择，在中观上明确事实认知，在微观上找准具体方法，本质上，是在精神层面对新闻媒介组织及其工作者的新闻传播活动进行约束与指引。而正如保罗·莱文森所讲："当思想没有用语言或非语言的姿势传播出来时，它们完全是私密的，内在于人的。"（莱文森，1986/2003：100）新闻观念虽然可以通过新闻媒介组织及其工作者的角色扮演，新闻管理制度规范以及其他实践或是文本的表达形式而付诸新闻实践，发挥其作用，但是，它最为核心的表现方式、最为重要的精神力量是通过内化于心的途径而实现的，也就是说，当新闻观念的核心意涵在转化为新闻职业主体的自主、自觉与自明的实践方式的时候，也就意味着新闻观念的本体价值的实现得以最大化。所以，有的学者也认为，它是使新闻工作者的社会角色合法化，新闻活动富有价值的一套观念与实践体系（Hanitzsch，2007）。

虽然新闻观念的约束作用是非强制的，但总的来看，它对于新闻媒介组织及其工作者的角色表现，新闻管理制度的制定与实施都发挥着根本性的决定作用。也可以说，新闻观念是贯穿于整个新闻传播活动全过程的一条"红线"。不过，这条"红线"也会因新闻媒介组织及其工作者在实践中的探索突破，新闻管理制度在制定与实施过程中的总结完善而不断演变更新，以适应不断变化的新闻传播生态与宏观的社会环境。另外，鉴于新闻观念的根本性指导地位，它作为新闻媒介体制的重要组成部分，自然在很大程度上影响着整个新闻媒介体制的性质，在某种意义上也可以认为，新闻观念的正确与否、先进与否、合理与否往往决定着新闻媒介体制是否优秀、是否先进与是否合理。

4.1 三种基本的新闻观念及其在中国的表现

4.1.1 新闻宣传主义及其在中国的表现

新闻宣传主义，是以新闻为介质，从而达到宣传目的的一种新闻观念，简单地说，就是以宣传为本位的"新闻观念"。（杨保军，2014：53）这一观念，从根本上讲，是要服务宣传者的利益。新闻宣传主义指导下的新闻媒介组织及其工作者，实际上就是宣传部门与宣传工作者；新闻宣传主义指导下的新闻管理制度，也就是第3章所讨论的宣传的新闻管理制度；新闻宣传主义指导下的新闻传播活动，其实就是宣传活动，就是要通过对报道内容、报道形式、报道方式的选择，甚至有时是通过反复强调的方式，来改变宣传客体的已有认知、情感与价值判断，并致力于使他们在思想上与行动上，偶尔还包括在组织归属上，同宣传者趋于一致。可以说，新闻宣传主义体现出的一个重要特征，就是单一性或者说是一致性，强调集体共识，而对领导权威的挑战，对共同决定的质疑，对某项议题的多元讨论则是不太被接受的。

新闻宣传主义主要表现在政治性的宣传活动中。任何一个政党的根本目标都是要赢得政权，而这一目标的取得则离不开民众的认同与支持。在赢得选民的过程中，政党媒体发挥着至关重要的作用，它要宣传本党的路线方针政策，积极传播本党的声音，展现本党的良好形象。此外，它必须同其他政党媒体进行竞争，在维护自身利益的同时全力驳斥它们的言论与主张，可以说要做到"攻防兼备"，其目的就是让本党的影响力在广度上不断扩张，领导力被持续认可，最终换回民众的选票。因此，党派媒体也可被看作创造了"想象的共同体"的平台，它将生活在相似社会环境下且拥有相同政治信仰的民众联结在一起，并组织、鼓舞、动员民众采取一致的社会行动。所以说，党派新闻业的目的和宗旨不是为公民的知情权服务，而是培养公民的党派忠诚；党派新闻业不过是政治党派的拉拉队长和宣传家（舒德森，2008/2010：43）。

除此之外，党派媒体在政治性宣传活动中也会得到比较多的利益回报。首先，在严酷的竞争环境中，政党媒体无须过多地考虑维持生存所必需的经济支持，这一点，在现如今的新媒体时代下依然如此，即使已经有众多的商业媒体（尤其是纸媒）被兼并重组甚至是倒闭，但政党媒体仍然能够活跃在新闻传播领域中，且受到的冲击也较为有限，关键就是它们有政党的有力支持。其次，通过为政党服务，许多新闻工作者借此获得了一定的政治权力，确立了他们的社会地位与社会名望，实现了他们的个人政治抱负。比如，《费城极光报》（*Philadelphia Aurora*）的编辑本杰明·富兰克林·贝奇（Benjamin Franklin Bache）被看作杰斐逊派的组织核心之一；《国家情报员报》（*National Intelligencer*）的编辑威廉·温斯顿·西顿（William Winston Seaton）曾在19世纪40年代担任华盛顿市市长；《纽约时报》的创始人兼编辑亨利·雷蒙德（Henry J. Raymond）先后担任了纽约州的州议员、副州长和国会众议院议员；《纽约太阳报》的编辑摩西·比奇（Moses Y. Beach）曾被波尔克总统在墨西哥战争期间任命为和平谈判代表；此外，该报的退伍军人记者查尔斯·达纳（Charles Dana）曾在南北战争期间被任命为美国陆军部长官；等等（Dicken-Garcia，1989：31-32）。这里固然不能否认上述新闻工作者自身能力的出众，但是上述例子主要说明了在党派新闻业中，新闻媒介组织及其工作者，或者确切地说，宣传机构与宣传工作者同政治领域是紧密相连的，他们扮演着政治参与者角色，承担着政治责任。

但是，新闻宣传主义也存在一定的局限性。有学者尝试将新闻媒体划分为"耦合媒体"与"论坛媒体"（Voltmer，2013：185）。其中，"耦合媒体"的报道与评论往往带有片面性，并且为了保持其目标受众在思想认知上的一致性与连续性，它会致力于限制他们同其他社会群体之间的互动交流，本质上，"耦合媒体"就是宣传媒体；而"论坛媒体"是指媒体的功能如同桥梁一样，能让拥有不同观点、不同利益的各社会群体充分讨论协商，积极化解矛盾分歧，努力达成社会共识，实际上，"论坛媒体"发挥了公共领域的作用，有效地保障了民主社会的运转，它一般专指职业媒体。在新闻宣传主义观念的指导下，媒体具有高度的政治平行性，它虽然同政治组织保持着耦合的关系，维系与动员着拥有相同政治信仰的人们在思想与行动上做到集中统一，但是，这也在某种意义上容易造成整个社会处于一种极化的状态，政治协商与政治妥协的空间会不断被压缩，民主多元很难被维持。

随着商业力量的介入以及新闻专业主义观念的勃兴，新闻宣传主义观念渐呈弱势，尤其是在西方，除了北欧以及意大利等国家以外，大多数国家的新闻媒体都公开否定了新闻宣传主义观念，否定了媒体的党派性，并且，它们都着意强调自身秉持客观中立的新闻报道方式，独立自主的媒介运作模式。之所以会出现这种情况，一方面是因为新闻专业主义观念本身具有一定的先进性与合理性；另一方面则是因为新闻宣传主义观念在两次世界大战中的"糟糕表现"，使其丧失了得以继续公开存在的社会基础与群众基础。因此，新闻宣传主义观念以一种更为隐蔽的方式继续影响着新闻媒介组织及其工作者的具体实践。政治组织会秘密地对新闻媒介组织提供各种形式的支持与帮助，新闻媒介组织也不会再采用一边倒的宣传说教式的新闻报道方式，而是会将意见观点寓于新闻报道之中，将宣传报道打造为新闻报道。

实事求是地讲，新闻宣传主义观念是指导我国新闻事业发展的主导性的新闻观念，它作为一个学术话语，有着广泛的内涵。不过，必须强调的是，新闻宣传主义观念在我国的实践是严格区别于西方的，在我国，它主要指的是马克思主义新闻观。而且，马克思主义新闻观作为一个政治话语，也突出了党管宣传、党管新闻媒体的党性原则。其实，新闻宣传主义在我国的实践，也是把新闻报道当作手段，以服务宣传者的根本利益，满足宣传目标为目的，实际上，就是以宣传为本位，以工具理性对待新闻传播活动。但是，新闻宣传主义观念在我国的实践之所以严格区别于西方，关键就在于党是全心全意为人民服务的马克思主义执政党，党的宣传活动的出发点和落脚点是为中华民族谋复兴，为中国人民谋幸福，党是没有私利的，因此，党才能得到人民拥护，党领导的包括思想宣传事业在内的社会主义事业才能得到人民的支持。具体来说，新闻宣传主义观念贯穿于中国共产党从建党到夺取革命胜利，从领导社会主义建设到深化改革开放，从实现第一个百年目标到开启全面建设社会主义现代化强国新征程的各个历史时期，简而言之，在它指导下的新闻宣传活动是中国共产党夺取政权、巩固政权与建设政权的重要工具。

中国共产党运用自己创办的党媒，积极主动发声，宣传自身的革命主张，这既有效地保障了党在思想上的集中统一，又团结了一切可以团结的力量，可以说，这为夺取新民主主义革命的胜利奠定了坚实的思想基础、组织基础与群众基础。1942 年，《解放日报》先后发表社论《致读者》与《党与党报》。这两篇文章就鲜明地提出："报纸的任务，不仅要充实群众的知识，扩大他们的眼界，启发他们的觉悟，教导他们，组织他们，而且要成为他们的反映者、喉舌，与他们共患难的朋友。"（《致读者》，1942）"报纸是党的喉舌，是这一个巨大集体的喉舌。在党报工作的同志，只是整个党的组织的一部分。一切要依照党的意志办事，一言一动，一字一句，都要顾到党的影响。"（《党与党报》，1942）新中国成立以后，党媒的宣传任务除了要继续传递党中央的声音，统一全党的思想以外，还要着重引导社会舆论，教育与引导广大人民群众坚定对党的领导的认同，坚定永远跟党走的政治信念，确保社会大局的和谐稳定，为进行社会主义建设营造良好的舆论氛围。因此，党媒在宣传报道中必须坚持贯彻以正面为主的宣传报道方针，不断凝聚鼓舞和启迪人们努力奋进的强大精神能量。

在改革开放时期，多种思潮相互碰撞，全球化一体化发展不断加强，如何维护社会大局稳定，如何将工作重心重新拉回到经济建设上，如何促进广大人民的团结就成了一个非常重要的课题。为此，我国的新闻媒介组织重点对党和政府在各个领域所取得的每一份成就、每一点进步进行宣传，以此来激发国人的自豪感与自信心。这既有助于凝聚社会力量，也会为党和国家的发展提供强大的精神动力。而在多元文化与多种观点进一步迸发，公民主体性不断增强的社交媒体时代，着力加强和改进党对思想宣传文化工作的领导就显得更为必要与紧迫。习近平总书记在主持召开网络安全和信息化工作座谈会时就强调:"要本着对社会负责、对人民负责的态度,依法加强网络空间治理,加强网络内容建设,做强网上正面宣传,培育积极健康、向上向善的网络文化,用社会主义核心价值观和人类优秀文明成果滋养人心、滋养社会,做到正能量充沛、主旋律高昂,为广大网民特别是青少年营造一个风清气正的网络空间。"(习近平,2016)这意味着党的新闻舆论宣传工作在逐步地适应时代发展的需要,工作重心开始从传统媒体领域转向新媒体领域,宣传对象也从以往"一刀切"式地面向全体人民转为突出重点,区别对待,尤其是向年轻一代倾斜,不过,其最根本的目的仍旧是要赢得人心,为人民服务,巩固执政地位。

当然,在不同的历史背景下,新闻宣传主义观念的实际表现是有所不同的。不仅体现在宣传报道的内容上会有所差异,而且宣传报道的表现形式也会发生一定改变。在夺取政权时期,党媒的宣传报道一般以批判、论辩的文风呈现,立论较为扎实,突出批驳,常运用设问、反问等能够引发读者深思的句式以及口号这一具有明显鼓动作用的语言表达形式,言辞激烈,煽动性强,容易引起读者的赞同与共鸣,比较典型的如《新华日报》社论《与〈大公报〉论国是》①。新中国成立以后,这一表现形式仍被沿用,尤其是在"文化大革命"时期达到了顶峰,也就是为人们所熟知的"大批判",其语言表达更为犀利夸张,时常出现对他人与他国的攻讦。这在很大程度上,激发并加剧了全民的狂热情绪。

---

① 该篇社论发表于 1945 年 11 月 21 日,是对重庆《大公报》1945 年 11 月 20 日发表的社论《质中共》的回击。

改革开放以后，随着社会情境的变化，这种激烈的宣传方式渐渐趋于弱势，取而代之的是更为柔和与细腻的宣传表达形式，也可以说是从宣教式的表达转变为沟通式的表达。它力图在通过对普通人物的刻画，对民生百态的关注中，增强宣传效果，使得宣传报道更加"有血有肉"，更能打动人心，更容易被广大人民群众所接受，进而实现在见微知著中传递宣传者的思想的目的。本质上，这种形式追求的就是一种"润物细无声"的境界，就是要用新闻的手法来做宣传，使宣传更像新闻。在具体的实践中，如"贴近实际、贴近生活、贴近群众"的"三贴近"活动，"走基层、转作风、改文风"的"走转改"活动以及为庆祝中国共产党成立95周年所制作的公益广告《我是谁》与《心跳篇》，短视频新闻《70年，我是主角》《"十三五"之歌》，H5新闻《幸福长街40号》等，宣传工作者都很好地运用了这一宣传表达形式，取得了不错的宣传效果，既在精神上鼓舞了更多人，同时也拉近了党同人民群众之间的心理距离。另外，我国当前的对外宣传工作也在积极适应时代的变迁。讲好中国故事，传播中国声音，提出中国方案，表达中国立场，贡献中国智慧，让中国更好地为其他国家所理解与接受是当前外宣工作的主要任务。习近平总书记在主持中共中央政治局第三十次学习时强调："必须加强顶层设计和研究布局，构建具有鲜明中国特色的战略传播体系，着力提高国际传播影响力、中华文化感召力、中国形象亲和力、中国话语说服力、国际舆论引导力。"（习近平，2021）实际上，就是要通过对宣传报道内容的提升，宣传报道角度的调整，宣传报道的方式方法的改进来消除其他国家和人民对我国的偏见，进而竞争世界的话语权。中国国家形象宣传片、南海宣传片等都是已有的尝试，只不过在宣传效果上，我们仍有努力的空间。这既需要外宣工作的不断改革，更需要时间的积淀。总体上，我国新时期的宣传工作不再一味地突出斗争，反而是越来越亲民，越来越"接地气"。

最后，在我国，新闻宣传主义观念反映了这一本质：我国的新闻事业是党和政府领导的事业；我国的新闻媒介组织是党和政府的耳目喉舌，是教育、引领广大人民群众的工具，是引导社会舆论的重要宣传阵地，作为党和政府领导与管辖的职能部门，他们必须绝对服从上级的指示安排，树立命运共同体意识；我国的新闻工作者必须坚持党性原则，坚持以人民为中心，为人民服务，为社会主义服务的政治方向与工作导向。这一本质的最终指向是要赢得人民群众的信赖与支持，从而维护党和政府的执政合法性与正当性。因此，在新闻宣传主义观念的指导下，我国的新闻舆论工作就是要贯彻落实党的路线方针政策，结合特定历史情境的要求，引导与凝聚社会共识，促进全国各族人民的精诚团结，为改革发展稳定各项工作提供强大思想保证、精神动力与舆论支撑。

4.1.2　新闻商业主义及其在中国的表现

新闻商业主义，是以新闻为介质，从而达到商业利益目的的一种新闻观念，简单地说，就是以商业利益为本位。这一观念，在根本上讲，就是要服务商业经营者的利益。新闻商业主义指导下的新闻媒介组织及其工作者，实际上是商业媒体与"新闻商人"；新闻商业主义指导下的新闻传播活动，其实是商业经营者以新闻为手段进行谋利的活动，商业逻辑贯穿其始终；新闻商业主义体现出的一个重要特征，就是要通过对报道内容、报道形式、报道方式的选择，实现其最大限度地追逐商业利益这一直接目的与最高目标。

事实上，相对于新闻宣传主义观念与新闻专业主义观念，新闻商业主义观念最早诞生。地理大发现使得国际贸易形成规模，工商业的勃兴激起人们对信息的日益扩大的需求，再加之印刷术的革新所提供的技术支撑，因此，近代新闻业的诞生是商业经济的直接产物，新闻商业主义的观念也随之应运而生。不得不说，新闻商业主义观念为新闻媒介组织及其工作者取得独立的社会地位提供了巨大的支持。有了经济上的保障，有了经济独立，新闻媒介组织及其工作者就拥有了壮大自身实力的物质基础，拥有了脱离政治组织管制的资本，拥有了形成新闻专业主义观念，成为独立的专业的社会力量的能力。可以说，新闻商业主义观念是推动新闻媒介组织及其工作者克服新闻宣传主义观念的局限，追求新闻专业主义观念的指导的中介。在这一过程中，如何理解新闻商业主义观念的作用，如何运用新闻商业主义观念指导新闻实践，是非常困难的，也是难以把控的。因为"利益不仅是新闻机构腐败的一个潜在来源，而且也是新闻机构用来抵制腐败的一种潜在力量"。（舒德森，2003/2010：150）离开了新闻商业主义观念的支持，整个新闻业很有可能成为政治组织的附庸而陷入无尽的鼓吹煽动之中，但对于新闻商业主义观念的过度追逐，亦会容易迫使新闻业接受政治组织的管控，同时还有可能成为利益集团的盈利工具。可见，新闻商业主义观念对于新闻实践的指引，多一分，少一分，都不会产生理想的结果，找准运用这一观念的"度"，是新闻媒介组织及其工作者必须面对的课题。

新闻商业主义观念在新闻实践中主要表现为大众化的新闻业。盈利，这是新闻商业主义观念最重要的诉求，因此，赢得更多用户的关注，竭尽全力提高发行量、收视（听）率、点击率，并以此来吸引更多广告的投放，实现"二次售卖"，是商业媒体的直接需要。与此同时，随着社会的不断发展进步，民众厌烦了以美国政党报刊时期为代表的党派新闻业之间的互相攻讦，相反，对于有价值的社会信息的需求则是不断增加。所以说，大众化的新闻业是商业媒体与普通民众彼此需要的结果。不过，新闻商业主义观念也存在诸多局限。

首先，表现为大众新闻业中的过度娱乐化、庸俗化，唯受众中心化与受众民粹化。为了营利，商业媒体会按照受众的"口味"，一味地讨好受众，忽视新闻是事实信息的这一唯一本体性。这样的新闻报道不仅违背了客观公允的基本准则，而且还会误导民众对于社会议题的判断，甚至诱发不必要的非理性的社会运动。其次，新闻商业主义观念指导下的新闻业易滋生腐败问题，比如，记者收受"车马费"、红包，商业软文，有偿不闻或有偿报道，虚假新闻，等等。美国《大西洋月刊》（The Atlantic）曾接受某一邪教组织的金钱资助，出卖版面对其进行报道，并夸赞了该组织的领导人，事发后，民众以及其他媒体纷纷表达了不满，该刊社长 M. 斯科特·黑文斯（M. Scott Havens）被认为是一个不道德的人，他所从事的任何同新闻有关的活动都不会被信任。此外，"《中国青年报》的乔东事件""《21 世纪经济报道》的新闻敲诈事件""《新快报》的陈永洲事件"等也都是新闻腐败问题的典型案例。上述这些事例充分说明，新闻媒介组织及其工作者将新闻单单视为一种商品，将新闻业单单视为一种产业，而他们自身也只是商业机构与商人，他们要做的只有追名逐利。获得收益对于商业媒体及其工作者来讲是压倒一切的，至于新闻领域的其他方面，都不在他们的考虑范围。

此外，新闻商业主义观念也会促使新闻媒介组织及其工作者与政治组织、经济组织构建"共同体"关系，"共谋"新闻实践。相较于宣传媒体，商业媒体所搭建的"共谋"格局则是涵盖了政治与经济两大领域。在这一点上，新闻商业主义观念的"双刃剑"作用就显露无遗。它既可以推动新闻媒介组织及其工作者摆脱政治依赖，实现自由独立运行，也可以令他们放弃政治与经济独立，去追逐利益交换。一方面，为了寻求更大的政策支持，掌握更多的经济资源，获得更好的经营环境，西方新闻媒介组织及其工作者会同政治组织之间开展"合作"，比如，放弃对政府的监督或是美化政府的某些作为。另一方面，为了吸引更多的广告投放，增加收入，新闻媒介组织及其工作者还要同广告主之间建立"友谊"，自然，对这类企业的报道肯定是正面的。另外，当前新闻传播业格局的一个突出表现就是媒介集团化。很难想象，作为子体的新闻媒介组织及其工作者能够有力地监督其母体公司的表现，批判其错误做法，毕竟，商业利益是联系他们彼此的纽带。事实上，新闻商业主义观念主导下的新闻媒介组织及其工作者，或者说是商业媒体与"新闻商人"，表面上是独立于各政治与经济组织的，实际上却主动牺牲了独立自主的社会地位，并以此作为筹码，来换取更多的，甚至是无休止的商业利益。

上述两种局限虽表现形式不同，但它们都反映了一个根本问题，那就是，新闻商业主义观念将营利视为压倒一切的目标，新闻无非是实现这一目标的工具，为了营利，新闻媒介组织及其工作者可以舍弃一切，并以工具理性思维指导新闻实践。正如笔者在前文所述，追求营利是新闻业与生俱来的一个特征，这一点无可厚非，没有任何新闻媒介组织及其工作者愿意一直亏损经营。毕竟，"任何试图仅仅通过精神力量再造精神世界的想法都是幼稚的、不切实际的。事实上，正是支持新闻传媒经济逻辑存在着不同的形式，才从根本上造成了价值取向上不同的新闻传播和新闻业。"（杨保军，2014：51）更何况，有了强大的经济实力，新闻媒介组织及其工作者才有同政治与经济组织保持距离的能力。然而，对于新闻业来讲，商业利益纵然是一种必需品，是实现新闻专业化的基础，但它仍旧只能是新闻业发展的一种手段，而不应成为最终的目的。倘若完全以商业利益作为出发点，并衍变为一种主义，那新闻业的发展就会偏向另外的轨道，出现始终无法规避的现实问题。

新闻商业主义观念在我国新闻业的现代化进程中发挥了很重要的作用，无论是新记《大公报》，还是《申报》《新闻报》，这些报纸为人们所熟知的重要原因之一是它们在经营管理上均有着出色的表现。新中国成立后，由于各种原因，新闻商业主义观念被贴上了资本主义的标签，新闻的商品属性遭到了否定，商业媒体也随之不复存在。直至改革开放时期，随着拨乱反正的完成，新闻作为一种可以赚钱的商品，作为一种社会消费品的基本属性才被再度承认，新闻商业主义观念也得以因社会宏观环境的变化而重新指导我国的新闻实践，而它对我国新闻业的迅速崛起也的确起到了明显的促进作用。以晚报、都市报、门户网站为代表的商业媒体如雨后春笋般不断涌现，大型媒介集团也于20世纪90年代中期相继成立，我国新闻媒介组织的整体发展驶向了"快车道"，因此，它们也具备了同其他国家媒体相互竞争的实力。

总的来说，我国也存在新闻媒介组织及其工作者把自身定义为商业媒体与"新闻商人"的情况，他们的新闻传播活动也都围绕着营利这一目标展开，新闻报道的娱乐化、唯受众中心化现象更是屡见不鲜。然而，这一新闻观念在对我国新闻实践的具体指导过程中还是存在同西方截然不同的地方。商业的力量是西方新闻业在现代化进程中得以获得社会独立地位的重要源泉，是摆脱政治控制，消弭党派新闻业的不良社会影响的直接推动力。不过，这一点在我国却恰恰相反。我国新闻业的主导新闻观念是新闻宣传主义，无论是党和政府主办的媒体还是都市类媒体与商业网络媒体，都是党领导的媒体，新闻事业是党领导的事业，新闻工作者的具体新闻实践也都不能违背党的路线方针政策，简单地讲，坚持党对新闻工作的绝对领导是不可逾越的原则。因此，新闻商业主义观念在我国的实践也就不可能是新闻媒介组织及其工作者以此"闹独立"，脱离党的领导的精神依据。目前，我国对新闻事业的管理方针是"事业化管理，企业化经营"。因此，新闻商业主义观念在现实新闻传播活动中的指导只局限于经济领域，不涉及政治层面。实际上，对新闻商业主义观念的重新认可，将商业力量再度引入新闻业的最直接原因是政府要减轻财政上的负担，同时也间接地给予新闻媒介组织一定的自主权。当然，40多年改革开放的实践证明，新闻商业主义观念有力地激发了我国新闻事业的内在活力，在自主经营、自负盈亏的动力与压力之下，无论是新闻媒介组织的硬件基础，新闻工作者的基本职业素养，还是新闻报道的形式与质量，都取得了长足的进步。另外，新闻媒介组织也积极开展多种经营，新闻产业化发展呈上升势头。可以说，新闻商业主义观念在我国的实践是基本成功的，它解决了我国新闻业发展动力不足，发展模式落后的问题，对于政府和媒体来讲是一种"双赢"。但是，这种成功是有缺憾的，一方面，新闻商业主义观念有其自身无法克服的局限；另一方面，它并没有给我国的新闻媒介体制改革带来实质意义上的突破，并没有破解我国新闻媒介体制的"转型"困局。

无法回避的是，我国新闻业在新闻商业主义观念的指导下也存在一些问题。概括地说，就是"一切向钱看"。笔者在前文也列举了一些具体案例。的确，我国新闻业发展的成功实践表明，强大的经济基础是不可或缺的，但它并不是唯一的、绝对的，倘若我国新闻媒介组织及其工作者的视野中只有钱，并且认为"一切向钱看"是自然而然、习以为常的时候，那也就是我国新闻业失去民心，生存危机真正到来的时刻。

实际上，无论是我国的新闻媒介组织及其工作者，还是其他国家的新闻媒介组织及其工作者，基本上都要面对来自商业组织与商业利益的考验。能否顺利通过这一考验，关键在于新闻媒介组织及其工作者将什么定为最高目标，将谁设定为服务对象，如何看待自身所扮演的社会角色以及应当发挥什么样的社会职能。如果是以追名逐利为最高目标，通过服务政治组织或商业组织的利益来维护自身利益，而新闻无非是使他们成为特权阶层、富裕阶层的手段的话，那么此新闻媒介组织及其工作者就陷入了新闻商业主义观念的"泥淖"之中；如果是以维护社会利益与社会公义为最高目标，商业利益只是新闻媒介组织及其工作者以新闻报道的方式来发挥其监测环境、舆论监督、促进社会各阶层对话交流的功能保障的话，那么他们可谓是善用了商业的力量，摆脱了新闻商业主义观念的限制。

4.1.3　新闻专业主义及其在中国的表现

新闻专业主义，是以新闻为直接目的的一种新闻观念，简单地说，就是以新闻为本位。这一观念，从根本上讲，是要服务广大民众的利益。新闻专业主义指导下的新闻媒介组织及其工作者，实际上是真正意义上的职业新闻媒体与职业新闻工作者；新闻专业主义指导下的新闻管理制度，也就是第3章所讨论的职业的新闻管理制度；新闻专业主义指导下的新闻传播活动，其实就是职业新闻媒体及其工作者的日常新闻实践，就是要通过及时、客观、公正、全面的新闻报道将事实真相呈现给民众。显然，新闻专业主义体现出的一个重要特征，那就是专业性，意在使新闻业成为一种专业，新闻媒介组织成为专业化机构，新闻工作者成为专业人员，此外，还有一套专业的管理制度与伦理规范来约束专业主体，也就是约束职业新闻媒体及其工作者的行为。总之，专业化，是新闻事业之所以成为新闻事业的前提，也是新闻事业现代化发展进程中的必然。

新闻事业之所以朝着专业化的方向发展，首先要归因于新闻专业主义观念是在超越新闻宣传主义观念和新闻商业主义观念的局限的基础上而诞生的。"党派偏见只能阻挡信息自由、清晰地流动。声援、期望、责难都是看不清事实的表现。"（斯蒂芬斯，2006/2014：185）新闻专业主义观念既否定了新闻宣传主义观念中的政治依赖，也否定了新闻商业主义观念中的经济依赖，从根本上讲，它否定的是用工具理性来看待新闻业，运作新闻业，它不希冀新闻业能从其他领域中获得多少收益，它只是要求新闻业能最大限度地为社会，为全体民众的根本利益服务。如果硬要说新闻是一种"工具"，那么在新闻专业主义观念的视阈中，它也是一种有价值的工具，是价值理性指导下的工具，是维护公共利益的工具。虽然相对于其他两种新闻观念，新闻专业主义观念是出现得最晚的，但它却是影响力最大，受争议最低，凝聚共识最多的新闻观念，在某种意义上，它是具有一定普遍价值的新闻观念。

其次，新闻专业主义观念体现了新闻事业的核心精神——尊重新闻传播规律。新闻专业主义观念传递的精神价值是要让新闻事业返璞归真，能够让人们真正地在新闻的领域内讨论新闻的问题，而不需要畏首畏尾地去过分关注与考虑其他领域以及这些领域对新闻事业所施加的影响。实际上，新闻专业主义观念引领下的新闻业是一个相对独立自主的社会空间，也就是布尔迪厄所述的"场域"。"一个场域并不具有组成部分和要素，每一个子场域都具有自身的逻辑、规则和常规。"（布尔迪厄，华康德，1992/2004：142）在新闻场域内，就应当尊重并按照新闻传播活动的基本规律来行事，就应当同政治、经济组织保持一定的距离，就应当秉持自由、自主、独立、公平的新闻精神。虽然"与大多数我们所见到的场域一样，新闻场域自主性也很低，它基于两极的矛盾对立中：一端是不受任何制约'纯粹的'自主场域，如国家、政治、经济权力，另一端则几乎完全依赖于这些权力和商业力量的场域"。（Bourdieu，2005：29-47；转引自吴飞，2009：186）但是，这并不妨碍新闻场域对新闻传播规律的追逐，也正是对新闻传播规律的孜孜以求才会让新闻场域逐渐摆脱低自主性的窘境。

新闻专业主义观念在新闻实践中的表现主要体现在以下三个方面。第一，新闻媒介组织及其工作者要树立专业的新闻理想，始终保持相对独立的社会地位。相对独立性可以说是新闻事业发展的命脉，是新闻媒介组织及其工作者可以被看作职业新闻媒体与职业新闻工作者的根基。保持相对独立性，新闻媒介组织及其工作者才有资格、有胆量发挥其应有的职能，也只有保持相对独立性，他们才有机会、有能力充当公共交流的平台，才能成为维护社会公共利益的重要力量，才能担负起他们要承担的社会责任。虽说新闻事业的成功不能全都归功于相对独立性，但倘若放弃了相对独立性，新闻媒介组织及其工作者同政治组织或是经济利益集团有着千丝万缕的联系的话，那么他们宣示给公众的"专业的"信仰与理念，告知给公众的"专业的"话语与态度以及展现给公众的"专业的"行为与操守都将是虚无的。

第二，在新闻实务上，要用客观性的理念与方法来完成新闻报道。新闻媒介组织及其工作者对待任何一个报道客体都不能心存偏私、心怀芥蒂，相反，则是要一视同仁，等量齐观。实际上，客观性报道的核心是要满足公众对新闻的需求，表达真相。新闻媒介组织及其工作者要做的只是记录事实，做真相的"搬运工"，而不是去选择事实、突出事实、评论事实，进而误导受众的理解与判断。坚持相对独立自主的社会地位同按照客观性原则进行新闻报道在本质上是一致的，只不过在当前的新闻实践中，新闻媒介组织及其工作者同政治组织或是经济利益集团的联结变得更为暧昧，违反客观性报道原则的手法也越来越隐蔽。

第三，要有一套职业的新闻管理制度与职业道德守则来管理新闻媒介组织及其工作者的职业行为。这不仅是规范新闻传播活动秩序，防止新闻腐败，保障受众的个人权益（如隐私权、知情权）与社会公共利益的需要，也是新闻业作为一项职业，区别于其他职业的标志以及维护自身专业性的"盾牌"。不过，一个完备的管理体系与道德伦理体系是他律与自律的结合，他律的管理制度与道德准则是威权式的，而自律的约束机制则是人们精神世界的活动，是内化于心的一种精神力量，是对管理制度与道德准则的真正认同。也正因此，新闻专业主义观念的直接作用是要指引新闻媒介组织及其工作者如何去做，其根本作用是要转化为一种无形的精神力量与内心信念，成为新闻媒介组织及其工作者的观念自觉与行为自觉。

　　虽然在新闻专业主义观念的指引下，职业新闻媒体及其工作者做出了许多成绩，比如"水门事件""五角大楼文件事件"，以及我国的《焦点访谈》与《新闻调查》在20世纪末21世纪初的突出表现等。但是，这无法掩盖新闻专业主义观念自身所存在的一些局限。坦诚地讲，在现阶段，新闻专业主义观念是最为合理的，也是最符合新闻规律的，可以说，它是新闻媒介组织及其工作者当下最优的选择。然而，这并不代表我们就可以神化它，相反，则是要对新闻专业主义观念去魅。总的来看，新闻专业主义观念最大的问题就是理论与实际之间存在一定程度的脱节，质言之，新闻媒介组织及其工作者绝对独立于政治组织与经济利益集团，绝对按照客观性的理念与方法进行新闻报道，绝对自律于职业的新闻管理制度与职业道德伦理是基本不可能的，因为他们不可避免地要同社会其他"场域"交流互动，无法做一个"无心"的新闻传播主体来回避自身的价值判断与信仰取向，无法不为各种现实利益所引诱与动摇。因此，新闻媒介组织及其工作者不能盲从于新闻专业主义观念。不过，在没有总结设计出更好的新闻观念之前，新闻媒介组织及其工作者可以以新闻专业主义观念为最高理想，并据此设定实践目标，因为，即便它不可能完全实现，但至少指引出了一条正确的发展路径，值得他们为之努力。

　　需要指出的是，新闻专业主义观念对于新闻媒介组织及其工作者而言是一个远大的目标理想，但不是无所不能的手段工具，更不是包打一切的"护身符"。《时代》周刊1994年6月27日刊登的"美国式悲剧"的封面故事，将辛普森的照片颜色进行了加深处理；韩国KBS电视台在2013年7月26日拍摄了一男子投江的全过程；《世界新闻报》非法窃听失踪少女米莉·道勒和她家人的电话，删除语音信箱中的信息，干扰警察办案；新冠肺炎疫情防控期间西方媒体对于我国抗疫工作的污名；BBC一系列匪夷所思的涉华报道。上述案例中的新闻媒体都打着捍卫新闻专业主义观念的旗号，但做出了违背社会公德与职业道德，违背新闻专业主义观念核心要求的行为。假如职业新闻媒体及其工作者的专业性只是表面的，只是喊口号式地自我标榜，那么他们实则是无德的，无良心的，无社会公义的。他们在新闻传播活动中只是考虑到了自己，并且他们这样的行为既玷污了新闻专业主义观念的纯洁性，玷污了新闻业的声誉，又对民众，尤其是对青少年做出了不好的示范，甚至会给他们的内心带来较为严重的创伤。笔者在这里想要强调的是，新闻观念的演变更新需要多种力量与多种方式方法的协同配合，新旧观念之间也会经历复杂的斗争过程，但毋庸置疑的是，新的新闻观念的诞生离不开对新闻专业主义观念的参照与借鉴，因为它坚持了以新闻为本位的原则，按照新闻规律办事，它是真正意义上的"新闻观念"。

　　迈克尔·舒德森（Michael Schudson）认为，新闻专业主义的核心意涵是对客观性与真理的追求（舒德森，1981/2009：5）；阿特休尔（Altschull）则提出新闻媒体摆脱来自政府、广告商甚至是公众等外界的干涉，满足公众的知情权，追求与呈现真理，用客观公正的方法报道新闻等四点对新闻专业主义观念的解释（阿特休尔，1984）；吴飞将其内涵概括为四个方面，即客观性理念、自由与责任、为公共服务以及自律与他律（吴飞，2009：29－121）；此外，黄旦将其总结为传播新闻的同时干预和推动社会，独立自主，为公众服务并反映民意，自身有效经营，依靠法律与职业道德自律（黄旦，2005：32）；陆晔与潘忠党则归纳为充当社会公器与服务公众利益，观察社会与报道事实，信息采纳的基准是以中产阶级为主体的主流社会的价值观念，以实证科学的理性标准评判事实真伪以及接受专业社区的自律而不接受任何域外势力的管控等五点（陆晔，潘忠党，2002）。虽然东西方学术界对新闻专业主义观念的表述不尽相同，但是坚持以新闻为本位，独立自主，客观公正，服务公众的基本内涵则已经成为共识。然而，理论的共识不等于实践的一致。源自西方世界的新闻专业主义观念并不是衡量非西方世界的新闻实践成功与否的标尺，它只是作为一种分析的概念框架来检视全球新闻观念的多样性，实际上，东西方各自内部对于新闻专业主义观念的应用也存在明显的差异化现象（Hanitzsch，2011）。这里，一方面是因为各国的国情存在明显差异；另一方面是因为新闻专业主义观念本身也会随着社会背景与历史情境的变化，新闻实践的巨大变迁而不断进行相应的调整与丰富。

当然，这里有一个显性的问题，那就是，新闻专业主义观念在中国的快速发展也就是40多年的时间，这一源自西方的新闻观念和中国的新闻发展实际是否相匹配，我们在运用这一新闻观念时是需要加工改良还是直接照搬，它能否解决中国新闻媒介体制在现实发展中所遇到的一系列问题。诚如上文所讲，中国新闻学界对于新闻专业主义观念的理解和西方相差不多，基本没有原则性冲突。但是，在中国，新闻专业主义观念对于新闻业和新闻媒介组织及其工作者的实践指导异于西方，即它不起决定性的作用，甚至还要同新闻商业主义观念展开竞争。事实上，从新中国成立至今，新闻宣传主义观念始终在中国新闻实践活动中居于主导地位，这是由党对新闻工作的绝对领导，也就是党性原则所决定的，而新闻专业主义观念与新闻商业主义观念发轫于改革开放之后，发展历程并不长，居于从属地位。但需要说明的是，新闻专业主义观念经过30多年的发展，越来越被广大新闻职业工作者所认同（潘忠党，陈韬文，2005），并逐步转化为观念自觉与行为自觉，另外，新技术的发展，社交媒体的壮大，公民新闻主义的诞生也为新闻专业主义观念进一步发挥作用准备好了条件。因此，笔者认为，新闻专业主义观念在中国的发展演变，重点不在于它的内涵会发生什么根本性的变化，而在于要明晰它不仅不会如同在西方社会中一般发挥着引领作用，而且还需要在同既有的新闻宣传主义观念以及同样后生的新闻商业主义观念的共存中，明确自身的活动空间。有学者的研究就表明，当下中国的新闻媒介组织及其工作者的"话语形构"表现为商业主义话语的单一支配的特征，而代表专业性与公共性的专业主义话语却悄然离场（李艳红，陈鹏，2016）。

正如简·克里（Jane Curry）所特意指出的，在共产党所领导的新闻媒体中，专业逻辑和政治逻辑始终并存，谁也不能彻底战胜谁（Curry，1990：161-204）。就我国目前的实际情况来看，新闻专业主义观念对新闻宣传主义观念与新闻商业主义观念已经施加了一定的影响，且这种影响的力度越来越大。因此，问题的关键不在于新闻宣传主义观念的主导性存在，也并不是新闻专业主义观念的"水土不服"，而是新闻专业主义观念能不能充分地发挥自身职能，也就是说，它能不能真正地把自身的理念核心落到实处。这也就是有的学者所提到的："我们需要争取使这种专业主义伦理及其行为规范得以实施的外界环境和先决条件。"（郭镇之，2014）其最终目的就是要实现让所有社会成员都可以顺畅表达各自的意见与观点的局面。因此，只用其中某一种新闻观念去描述中国新闻实践的当下，规范中国新闻实践的未来是不科学的，甚至有一定的教条主义色彩。

4.2　我国新闻观念的基本特征与发展趋势

4.2.1　我国新闻观念的基本特征

由前文可知，我国新闻媒介组织及其工作者的角色扮演经历了从全面多元到绝对单一再回归多元统一的演变过程，新闻管理制度亦经过了类似的转化模式。无论是新闻媒介组织及其工作者，还是新闻管理制度，他们都受到新闻观念的约束与指引，都是新闻观念在新闻实践中的具象化表现。依据当前实际，应该说，我国新闻观念的基本构成是新闻宣传主义观念、新闻商业主义观念和新闻专业主义观念的多元共存，具体地说，新闻宣传主义观念居于主导地位，其他两类新闻观念处于从属位置，我们也可以将其称为"一主两副"的新闻观念格局。当然，每一种具体的新闻观念都有着自身的核心指向，所以，它们彼此之间在实践中也难免会有些摩擦与冲突，但是多元共存、和谐共生是主流。也正是由于新闻观念的多元共存，我国新闻业的具体表现才会如此丰富多彩。

虽说是多元共存，但这是一个"一主两副"下的多元共存，也就意味着构成我国新闻观念的三个子观念在所处地位，所肩负的职责以及所拥有的效能等方面不可能是均等的。

导致出现这一情况的原因主要有以下两个方面。第一，新闻宣传主义观念的绝对强大在很大程度上是路径依赖的结果。何谓路径依赖？有学者指出，当前的某种结果源于某些特定的历史事件的影响，而这些历史事件本身是偶然发生的，并不能从先前的历史情境中对其加以解读（Goldstone，1998）。本质上，路径依赖反映的是过去已有的选择对未来选择的影响，甚至是制约，也可以说是过去给予未来的一个框架。当然，不是所有的历史事件都能引发路径依赖，这其中，需要同时满足三个条件。首先，该历史事件必须是偶发的，同之前的历史情境并无关联。这是因为，只有孤立的偶发事件，才能成为整个路径依赖过程的起点，才能塑造路径依赖的根本特征，才能决定路径依赖的发展走向。布莱恩·亚瑟（Brian Arthur）用一个很简单的实验说明了这一点。比如说，在一个盒子中放置了几种不同颜色的球，当其中一种颜色的球被随机挑选出来的时候，这同时也就决定了余下的不同颜色的球被挑出的概率（Arthur，1994：6-7）。简单地讲，就是一个偶发事件规划出了路径依赖进程的未来。其次，历史事件同未来选择之间存在着一定的因果关系。最后，应当排除在整个路径依赖发展进程中出现的偶发事件对后续过程的影响，毕竟，它不能作为对该进程的解释分析的逻辑起点，不过，它可以被看作另一条路径依赖过程的开端。就路径依赖的具体类型而言，有学者将其概括为以下两种，即自我增强型（self-reinforcing sequences）与反应型（reactive sequences）。自我增强型是指对特定的机制化模式的长期复制与再生产。质言之，行为主体一旦选定了某一种模式并从中获益的话，那么未来的进程基本会是这一种模式的无限循环，因为，伴随着认可度的不断增强，行为主体往往会最终与其形成一种"黏度"，即便有更完善、更具效力的模式，它也很难对原有的选择构成威胁。而就反应型而言，它好比一个环环相扣的有序的发展链，即每一个选择都是基于对之前选择的回应，有因有果，层层传导，并形成最终的结果。需要强调的是，这一模式看似与普通的因果关系模式无异，但是它之所以会成为路径依赖的模式之一，不能忽略的就是引发这一链条的初始的历史事件是一个偶发事件（Mahoney，2000）。

回观我国新闻观念整个发展流变的历程，新闻宣传主义观念是延续性最完整的一个，也极具自我增强型的特质。从以王韬、郑观应为代表的政论报刊的兴起到五四新文化运动中宣传马克思列宁主义，从中国共产党效仿苏联开始创建党报到运用"笔杆子"打败国民党，从要全党办报、政治家办报、群众办报到完全成为阶级斗争的工具，从坚持正面宣传为主，正确引导舆论到创新宣传的方式方法，讲好中国故事，传播中国声音，新闻宣传主义观念如影随形地贯穿在我国新闻事业发展的全过程中。新闻宣传主义观念主张"鼓励""动员""提倡"，在某种意义上，它是非常契合战乱年代的社会特点的。因为通过宣传，大众的社会意识被唤醒，大众的社会参与热情被激发，这对整个社会的进步转型是十分必要的。而中国共产党在实践中也成功地运用了新闻宣传主义观念，有效发挥了其集体的宣传员、鼓动员与组织者的作用，并最终赢得了政权。自然，赢得政权的成功实践会进一步促使党坚定地按照新闻宣传主义观念指导新闻舆论工作，维护党对新闻舆论工作的绝对领导，维护全党全军全国各族人民在思想上的集中统一。所以说，对于我国的新闻媒介组织及其工作者以及新闻管理制度环境而言，新闻宣传主义观念俨然已经成为一种"惯习"，它"能完全自由地生成产品（思想、感知、语言、行为），但这些产品总是受限于惯习生成所处的历史和社会条件。确保既往经验的有效在场，这些既往经验以感知、思维和行为模式的形式储存在每个人身上，保证行动者实践活动的一致性"。（吴飞，2009：287）因此，按照新闻宣传主义观念指导新闻实践，管理新闻实践已成为一种理所当然，而新闻实践主体运用新闻宣传主义观念亦会成为一种不受主观意识约束的自然而然的长久的行为，本质上，它是外在观念内化于心的过程。

　　鉴于新闻宣传主义观念已经深深地扎根于中国的现实生活当中，倘若彻底放弃这一新闻观念，可以想见，需要付出的成本代价是相当大的。一方面，这会给一些年老的新闻工作者包括新闻教育工作者在思想上带来冲击，也会影响既有的新闻工作体系；另一方面，主导新闻观念的变更与否，在根本上，还是受制于新闻媒介体制乃至政治体制的，而体制变革的难度往往是更大的，假如在体制设计上没有做出周密的规划，只是照搬照抄或是主观臆想，为了变更主导新闻观念而变更，那么它所带来的严重后果就不仅仅局限在新闻领域了。当然，笔者并不是要否定我国新闻领域的诸多改革尝试，只是我们必须认清由于路径依赖所造成的新闻宣传主义观念异常强大的这一现实，毕竟，我国新闻媒介体制的任何改革都不可能脱离这一现实。

　　诚如有学者所言，"当时根据地的社会环境要求新闻学产生'偏至'现象，本来是实事求是的。但应意识到这是一种文化偏至，当环境变化的时候，思想上应当能够与时俱进，否则，一旦把偏至的新闻学上升到永恒，悲剧便不可避免"。（陈力丹，2004）实际上，为了让"一主两副"的新闻观念格局更趋稳定，党需要加强对新闻观念领域的统筹管理，并对新闻舆论工作进行"纠偏"，毕竟宣传工作也是一门艺术。所以有一些学者也谈道，中国的媒介改革并不是要开辟一种新的媒体模式或是新闻模式（Pan，Lu，2003：217）。

第二，新闻商业主义观念与新闻专业主义观念回归我国新闻领域的时间较短，根基并不牢靠。历史上，由于多种原因，新闻商业主义观念与新闻专业主义观念曾被认为是资产阶级新闻业的标志而遭到排斥与抵制，直至改革开放，这两种新闻观念才被重新认可，重新指导新闻实践。实际上，新闻的本体是事实信息，而商品性是新闻的重要属性之一，按照新闻业的客观规律来指导新闻实践，将自由市场竞争机制引入新闻实践是无可厚非的，是不应以人的意志为转移的。然而，就目前的现实情况来看，这两类新闻观念虽展示出了蓬勃的生命力，但整体上还没有充分发挥出它们各自的职能。之所以造成这种情况，主要是由于两方面的原因。其一，目前这两种新闻观念的地位虽有所提升，党和政府对其认可度也在不断增强，但从根本上讲，它们还是同新闻宣传主义观念存在一定冲突的，党和政府不可能任由其自由无限地发展，不可能容忍其对新闻宣传主义观念的超越，因此，出台一些限制性措施也就不足为奇。其二，这两种新闻观念并没有像新闻宣传主义观念一样，始终贯穿在我国新闻业的发展进程中，毕竟，"近代以来中国新闻记者的社会角色和政治意识也始终与一个现代民族国家的兴起、构建和转型的政治过程紧密联系在一起"。（王维佳，2012）由此来看，这两种新闻观念在我国语境下还属于新生事物，其绝对实力还远不如新闻宣传主义观念一般强大。即使它们逐渐地被新闻媒介组织及其工作者所接受与认同，可是在短时期内，新闻媒介组织及其工作者也不可能迅速地对其产生依赖感并转化为有效的观念自觉与行动自觉，更何况，这两种新闻观念各自也都有一定的局限性。不过，"科学的新闻传播观念来自对新闻传播活动及其规律的正确认识"。（童兵，2002：67）它们若要成为新闻媒介组织及其工作者的"惯习"，还需要相当长一段时间的积累、沉淀与检验。

　　在一定的社会情境下必然会存在主导的新闻观念，具体到我国，新闻宣传主义观念的地位仍居主导，其实力也依旧绝对强大，而新闻商业主义观念与新闻专业主义观念的地位虽略有崛起，但仍处边缘，其实力也不足以抗衡新闻宣传主义观念。从根本上讲，我国当前的新闻观念是多元共存的，是"一主两副"格局下的多元共存。

4.2.2　我国新闻观念的发展趋势

　　虽说当前我国新闻观念的整体结构是"一主两副"下的多元共存，但较之过往，它还是取得了明显进展，即突破了原有的只有新闻宣传主义观念一元构成的格局。

　　由前文可知，新闻宣传主义观念强调的是新闻的工具属性，新闻报道要着眼于维护党和政府在思想与行动上的集中统一，维护全社会的安定团结。其最终目的是要让每一个公民个体以集体利益为先，以大局为重，强调社会共识，保证社会和谐有序。然而，不断成长的新闻商业主义观念和新闻专业主义观念对新闻宣传主义观念造成了一定的影响，新闻观念的构成不再单一，对集体与共识的强调不再绝对化。

更为重要的是，社交媒体的飞速发展有力地改变了媒介生态，同时，它也强有力地改变了信息传播的秩序与格局，普通民众在信息传收过程中拥有了前所未有的巨大权利与自由，为此，以民间新闻为表现载体的民众新闻主义观念正深刻影响着我国新闻业。可以说，由新闻宣传主义观念、新闻专业主义观念、新闻商业主义观念与民众新闻主义观念共同构成的我国新的新闻观念格局已初显雏形。这其中，伴随着人们对新闻专业主义观念的认可度的不断增强，民众新闻主义观念的日益深入人心，我国新闻观念对新闻业的指引也会从集体至上向尊重个人，从凝聚共识向包容冲突这两个方面逐渐转变。

民众新闻主义观念的核心意涵是，民众不论年龄、性别、种族、阶级、宗教信仰与社会背景，都可以在法律规定的范围内，在社会公德的约束下，自由地发表看法，传播信息，讨论交流。从这一点上看，它首先打破了职业新闻传播主体对于信息传收权利的垄断，尊重了普通民众最基本的知情权与表达权。另外，民众个体的信息发布与意见表达既是对职业新闻传播活动的有益补充，也有助于对公权力实施有效监督。事实上，民间新闻往往不是真正意义上的新闻，它经常会以新闻线索，情感宣泄或发表观点的形式出现，毕竟，普通民众不同于职业新闻传播主体。但是，民间新闻这一表达渠道公平地给予每一个公民个体"发声"的机会，即使是在一般的社会情境下，我们也同样需要个体的声音。因为这是对人的最起码的尊重，也是进行社会协商，推动社会进步的基础。当然，公民个体的声音不可能是完全一致的，甚至经常是截然相反的，由此，来自不同阶层的人们的公共表达形成了"意见的自由市场"。实际上，真理越辩越明，许多事情的解决方案也往往是在意见的表达、讨论、互动、妥协，最终寻求一个平衡点的过程中得出的。众所周知，经过公共交流与协商，从而实现的冲突观点的消解与弥合，代表着公众的心悦诚服，相反，通过外力强行要求的思想一致，容易积蓄出更大的反抗力量，进而成为破坏社会和谐稳定的一个隐患。当然，笔者并不认为所有的冲突都是合理的，也不赞成去刻意地制造冲突，问题的关键是社会不能没有冲突，不能缺少多元意见的表达。假如一个社会始终保持在同一个发展节奏上的话，不能说它的发展就一定存在问题，但至少可以认为，它不可能出现质的飞跃，因为这当中缺少了能够引起质变的冲突点。所以，我们不能也不应该回避或是惧怕相互冲突的意见表达，一方面是出于对多元观点的尊重；另一方面是因为这才是解决社会矛盾，凝聚社会共识，保证社会稳定，推进社会发展的根本。

作为新闻媒介体制的灵魂，新闻传播活动的精神指引，新闻观念不可能也不应该是一成不变的。社会存在的发展演进决定着新闻观念的演变与更新，伴随着时代的发展变迁，新的新闻观念自然也会应运而生。所以我们必须正视新闻专业主义观念与民众新闻主义观念正深刻刻画着我国新闻业这一基本现实，正视尊重个人意见表达与包容多元观点冲突正成为我国新闻业发展的新的方向这一基本现实。需要指出的是，新的新闻观念的产生是基于对旧的新闻观念的批判、扬弃、改革与超越的过程，是一个去粗取精、去伪存真的过程，但这并不代表它对旧的新闻观念的全盘否定。反观我国，个人与集体，冲突与共识，它们在根本上，其实是一致的。给予个人意见的表达与多元观点的冲突更为宽松的生存空间，让社会的互动交流能够更加充分地进行，从本质上看，这一过程是自由公开的，是民主协商的，它的落脚点是有利于建立人与人之间的相互信任关系的，是有利于激发民众为了共同的社会目标而相互合作的，是有利于维护社会整体利益与凝聚出更加广泛的社会共识的。所以说，本研究不是主张新闻专业主义观念与民众新闻主义观念彻底终结并取代新闻宣传主义观念，也不是主张个人与冲突彻底终结并取代集体与共识，而是要在充分理解与把握现实生活条件与社会关系改变的基础上，做到不偏废任何一方。这也就进一步解释了为什么会出现党和政府的宣传者与人民利益的维护者，宣传的新闻管理制度与职业的新闻管理制度，政治逻辑与专业逻辑和谐共存的现象了。最后，结合目前我国新闻业发展的实际，我们发现，新闻专业主义观念与民众新闻主义观念，在一定程度上是符合时代需要的，但我们也不能否认，它们各自也都存在一定的局限性。因此，新闻观念的发展创新是不会停歇的。但总的来看，尊重个人意见表达与包容多元观点冲突应当是要一直延续下去的。

第5章　新闻媒介体制的特征

5.1　构成新闻媒介体制的各要素之间的关系

从结构论的角度对构成新闻媒介体制的三个要素——新闻媒介组织、新闻管理与新闻观念——之间的层次结构与相互关系进行分析，一方面是为了加深对各要素以及新闻媒介体制的感知与理解，另一方面是据此总结归纳出新闻媒介体制的基本特征。

根据前文对各要素内涵的阐释，笔者认为，作为新闻媒介体制灵魂的新闻观念处在最为核心的位置，在新闻媒介体制内发挥保障职能的新闻管理居于承上启下的衔接处，而将新闻观念与新闻管理的精神和要求落到实处的新闻媒介组织及其工作者则位于执行层。核心层、衔接层与执行层有机统一于新闻媒介体制内，共同服务于新闻媒介体制，我们也可以将此比作它们有着共同的"圆心"，共同构建了一个

"同心圆"式的层次结构，如图 5-1 所示。

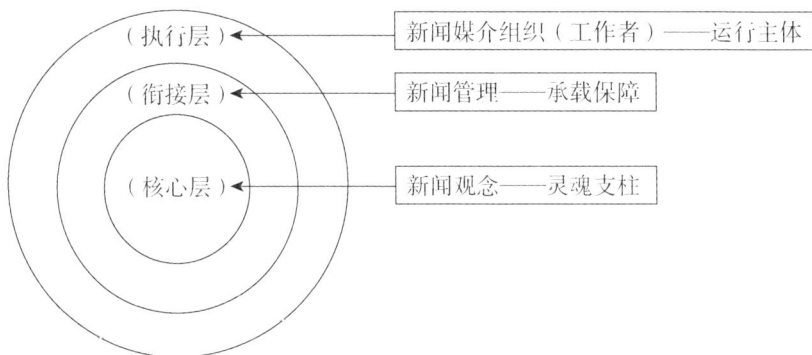

图 5-1　新闻媒介体制的"同心圆"式结构图

需要说明的是，"同心圆"式的层次结构只是对新闻媒介体制动态运行的逻辑凝结。其实，新闻观念这一核心构成要素弥漫在新闻媒介体制内的各个组成部分之中，而且，从"同心圆"式的层次结构可以看出，新闻媒介体制在整体上应当是一体的。但实际情况是，它的各个组成部分一直处在动态变化中，且各自的发展方式与发展速度也不一定是一致的，甚至它们各自内部还有可能会发生分化，形成多个新的主体。

所谓核心层，就是新闻媒介体制的中枢，是决定新闻媒介体制的属性、特征、地位、功能、价值与意义的决定性层次，是谋划与引领新闻媒介体制发展走向的关键领域，也是指导与规范衔接层和执行层的中心力量。新闻观念作为新闻媒介体制的精神源泉，发挥着灵魂支柱的作用，它在宏观上，表明新闻媒介体制的价值理想与现实态度，设计出新闻媒介体制的安排设想。

至于衔接层，它在新闻媒介体制内发挥着承上启下的重要作用。上，它承载着核心层，也就是新闻观念的实现与落实；下，它保障与约束着执行层，也就是新闻媒介组织及其工作者的日常实践。作为新闻媒介体制的衔接部分，它既要将新闻观念具体化，并以此指导新闻媒介组织及其工作者，同时，也要把新闻媒介组织及其工作者在实践中的经验教训、心得总结传递回核心层，以助力于新闻观念的更新与变革。因此，衔接层的桥梁纽带作用是双向的，它可谓是保障新闻媒介体制得以正常运转的润滑剂，它在中观上，表征新闻媒介体制的具体安排与运行方式。

再论执行层，事实上就是新闻媒介组织及其工作者这一运行主体，把核心层的安排设想和衔接层的具体安排与运行方式实实在在地落到实处，应用到新闻实践当中，使得整个新闻媒介体制得以运转起来，真正具有可操作性与实际意义。执行层在微观上呈现出了新闻媒介体制的安排细节与实践方法，而在执行的过程中，既有对核心层与衔接层的理念和要求一以贯之的遵照、服从，当然也孕育着对另外两个层次，乃至整个新闻媒介体制的冲击、挑战。另外，执行层也更容易与其他社会子系统进行互动。

从某种角度上看，新闻媒介体制可以被看作一种秩序的安排，它要使新闻事业的方方面面在一定的规范内有序运行。"同心圆"式的层次结构实际上就是一种秩序，它涵盖了关于新闻媒介体制的设计理念，具体表现与实现方式，体现了价值论、认识论与方法论的统一，使得新闻媒介体制是一种现实化的存在，能够影响、指导甚至是决定新闻实践。

根据构成新闻媒介体制的各个要素之间的层次结构，我们可以从多个角度来分析它们之间的关系。首先，从核心层到执行层，或者说是从中心层到边缘层，新闻媒介体制的呈现越来越具体化，新闻媒介体制的秩序安排越来越精细化。在从内到外的这一向度上，反映的是由观念建构到具体实践的过程。相比较而言，新闻观念的变革比新闻媒介组织及其工作者在实践中根据社会环境或是具体情境的变化而调整自身行为要困难得多，毕竟，精神层面的更新与变革是需要经历一个较长时间过程的，其中会牵涉多方面的因素，而具体行为的选择时常需要行为主体发挥主观能动性，在短时间内迅速做出决定，力争做到顺势而为，应势而动。所以说，从内到外看，整个层次结构的稳定性在逐渐降低，而灵活性在不断增强，这也反映出对一个新闻媒介体制进行评判，首先要考虑的应该是其内核——新闻观念。

其次，从执行层到核心层，或者说是从边缘层到中心层，除了简单地反推，归纳出层次结构的稳定性在逐渐增强，而灵活性在不断降低之外，在从外向内的这一向度上，具体实践过程中的经验总结是促进新闻观念的更新变革，甚至是带动新闻观念与新闻媒介体制突破的重要动力。核心层、衔接层与执行层这三者有机统一于新闻媒介体制这一系统内，因此，新闻媒介体制的稳定与否取决于这三者在根本上是否"步调一致"。虽然新闻媒介体制是历史性的存在，能够突出反映一定历史时期的时代特点，但总的来看，新闻媒介体制的稳定性仍旧是较高的，这不仅是因为在外部环境中，宏观上的全局性的社会变革并不会轻易发生，而且在新闻媒介体制内部，处于核心层的新闻观念一旦固化，也会对衔接层与执行层形成强大的约束，构筑起维护已有新闻媒介体制的"铜墙铁壁"。鉴于此，新闻媒介体制若要实现变革，就要打破既有层次结构的平衡，改变原有的"步调"，而实现此目标的突破口莫过于执行层。显而易见，执行层要开展丰富多样的新闻实践，要更贴近一系列现实问题，这样才能比较容易萌发、孕育、培养直至总结提出一些新的思路、观点、做法、标准、原则，甚至是新的思想与观念，简而言之，可以称之为新的元素。这些新的元素既有可能是对原有新闻媒介体制的有益补充，进而共融为一体，也有可能同原有新闻媒介体制在根本上是不一致的，自然，矛盾与冲突也就无法避免。但重要的是，执行层作为新闻媒介体制变革最容易突破的层级，在从外向内的向度上，透过各层级之间所固有的联系机制，将新的元素不断"向里"传递。综合从内向外的向度，这体现了新闻媒介体制内各层级之间的互动性，同时，从外向内的良性流动，也表明该体制是充满活力的，并非一种单一向度控制下的故步自封的状态。

再次，"同心圆"式的层次结构的直观特点就是每一层级都拥有共同的"圆心"，但各自的"半径"不同，实际上，这表明了每一层级的覆盖范围不同，属性职能不同，自然，同其他层级之间的相互关系也会不同，但是，它们均统一于新闻媒介体制内。诚如前文所述，核心层虽然"半径"最小，但好比一枚指针，指出了新闻媒介体制的价值理想与发展方向，一旦核心层的指向出现了变化，那么新闻媒介体制的现实表现也必然会发生变化。核心层主导、制约着衔接层与执行层，这也就意味着在新闻媒介体制的改革中，最根本的、最重要的，也是最困难的就是改革其内核，即新闻观念的改革，它的改革会造就一幅新的新闻业图景，会打造新的新闻生产模式，会重新规范新闻活动主体的责任与义务；衔接层的中号"半径"如同是一把校对的标尺，既要把准核心层所规定的方向，以免出现偏差，又要制定详细的方法措施，为执行层提供可靠依据，所以说，衔接层传承着核心层也规范着执行层；执行层的最大"半径"则好像是一缕探照灯光，光源源自核心层，光柱属于衔接层，而最终照亮的地方则是执行层活动的场域，也可以说，执行层是核心层与衔接层一以贯之的表现结果，只不过，执行层对于它们同时也具有强大的反作用。虽然在整个"同心圆"式的层次结构中，每一个层级之间的相互关系都不尽相同，但有一点是十分明确的，那就是围绕新闻媒介体制这一"圆心"，这三个层级之间是环环相扣、层层传导、相互依存与互相影响的，它们三者缺一不可，同等重要，绝不能出现缺层或是"断层"，否则就会给新闻媒介体制的运转带来混乱。

试想，如果没有核心层为整个结构"掌舵"，那么衔接层和执行层就会在缺少价值指向、理想目标与系统设计的情况下，如"没头苍蝇"一般"四处乱撞"，它们也就仅仅是一种工具化的或者说是一类方式方法的存在，并不足以支撑起整个新闻媒介体制；如果缺少执行层为整个结构"冲锋陷阵"，那么核心层与衔接层就会被沦为一种单纯形而上的思想阐述或是空洞虚无的顶层设计，并不具有现实意义，形象地说，就是纸上谈兵，"不接地气"，那么所设想的新闻媒介体制自然也会成为空中楼阁；如果没有衔接层，核心层与执行层之间就会缺乏有效的协商沟通，那么上述问题就会同时发生，整个新闻媒介体制俨然成为一种割裂的存在，它们也可以称为"两张皮"，其内部结构是松散的，各组成要素之间毫无任何关联。

最后，新闻媒介体制的"同心圆"式的层次结构不仅诠释了观念、管理、执行中的实践——认识——再实践——再认识的循环往复的辩证过程，而且也指出了新闻媒介体制在现实层面的一个至关重要的问题，那就是不同主体之间的关系问题或者说是互动问题，也可以说，这是一个具有根本意义的问题，是新闻媒介体制运行的落脚点。实际上，我们可以把"同心圆"式的层次结构简单地理解为政治主体、控制主体、普通主体之间的互动关系。政治主体凭借其执政地位与强大的政治经济力量，制定出新闻媒介体制的精神内核，并委派相关部门机构根据此精神内核制定一系列的管理规范，同时，相关的部门机构作为控制主体，还肩负着监督管理的职责，而普通主体，也可理解为前述的"共"时代的"三元主体"，它们既会按照政治主体与控制主体的要求从事新闻传播活动，也会在日益丰富的社会实践中产生新的思路与想法，进而同政治主体与控制主体交换意见、协商沟通，当然，在这一过程中不排除出现意见相左甚至是激烈抗争的情况。也由此可以看出，在一般情况下，核心层与衔接层，或是政治主体与控制主体是一致的，分歧的临界线往往出现在衔接层与执行层，或是控制主体与普通主体之间。新闻媒介体制，归根结底是各个主体所共有的体制，是要依靠各个主体才得以良性运转的体制，在这当中，并不必然存在某一主体所抱持的理念、想法、观点、方法就是绝对正确与合理的，这也恰恰证明了在体制内，对话、沟通、论辩、协商、谅解与妥协是必不可少的，只有经过这一系列凝聚共识的过程所构建的新闻媒介体制，才会是运转顺畅且具有一定可持续性的，才有可能彰显新闻的公平正义，服务社会公共利益，毕竟，让各个主体都能自主自觉地、真心实意地去理解、认可与接受是十分不容易的。

5.2　新闻媒介体制的一般特征

本研究贯穿始终的研究思路就是要从一般分析到个别，在共性的基础上把握特性，进而希望能够厘清分析对象与其他社会事物之间的区别与联系。前文已按照此思路分析了构成新闻媒介体制的基本要素，同理，在分析中国特色新闻媒介体制的基本特征之前，也要先弄清楚新闻媒介体制的一般特征是什么。毕竟，中国特色的新闻媒介体制是新闻媒介体制在中国的具体化、现实化的表现，它既拥有新闻媒介体制的一般特征，也具备属于其自身的个性特征。可以说，弄清楚新闻媒介体制的一般特征是什么，是分析中国特色新闻媒介体制基本特征的基础与前提，而分析中国特色新闻媒介体制的个性特征则是本研究的重要核心议题之一。

上文已经提到，新闻媒介体制是由新闻观念、新闻管理、新闻媒介组织这三个要素所共同组成的，这三者互动协作，形成了"同心圆"式的有机统一体。因此，在分析新闻媒介体制的一般特征时，我们首先要从整体的角度对这一结构系统进行把握。此外，"同心圆"结构内部有其自身的逻辑安排，各组成要素各司其职且互动频繁，它们同样建构并影响着新闻媒介体制的一般特征。鉴于此，笔者将按照整体与部分，或者说是总分相结合的思路，来总结新闻媒介体制的一般特征，力求使分析达到全面且有层次。

5.2.1　"同心圆"式结构是新闻媒介体制的最基本特征

新闻媒介体制并不是一个十分具象化的概念，它只不过是由新闻观念、新闻管理与新闻媒介组织及其工作者这三个组成要素有机互动，共同塑造新闻事业的未来图景，新闻工作的应尽职责，新闻生产的专有模式，新闻工作者的使命担当与新闻本身的理想价值的一套秩序安排，是对整个新闻领域在客观认知、价值态度与方式方法上的设计、追求与指导，具有典型的实践性与明确的目的性。

作为一套完善的秩序安排，首先是要确保能够对所安排事物或是领域的全覆盖，也就是我们常说的周严细致，倘若存在体制外的现象，要么说明最初的体制设计存在不合理之处，要么则是反映该体制亟须更新变革。"同心圆"式的层次结构可以说在宏观、中观、微观层面实现了对新闻领域的全覆盖，它既包括对新闻事业的顶层设计，也包括对新闻工作的制度约束，同时也有对新闻实践活动到底如何开展的具体指导。试想，如果这中间的任何一环是缺失的，那么所建构出来的新闻媒介体制并不能够对新闻领域进行通盘合理的安排，甚至还有可能造成新闻领域的失序，所以我们也可以说，它失去了应有的效力，都不足以称为新闻媒介体制。因此，"同心圆"式的层次结构作为新闻媒介体制的最基本特征，首先从本体论的角度表达的是三个组成要素的必须"在场"。

"同心圆"式的层次结构的第二层含义就是它的"同心"。三个组成要素的"在场"只是基本条件，更为重要的是，这种"在场"并不是单纯的存在或涉及，而是要围绕新闻媒介体制这一"圆心"的有序布局与紧密互动，并最终形成一个完整的体系。前文笔者已经谈到，三个组成要素之间是从核心到衔接再到执行逐次展开的，之所以如此布局，一方面是考虑到各要素在新闻媒介体制内所扮演的角色以及实际发挥的作用，另一方面也是考虑到新闻媒介体制建构的实际过程，即本质上是一个从实践中来到实践中去，不断深化认识的过程，自然要在观念树立与实践活动中不断循环往复。需要强调的是，从结构论的角度看，笔者之所以将新闻媒介体制勾画为"同心圆"式的层次结构，突出的一点就是各要素在"同心"基础上的重合，而重合的部分恰恰表明的是各要素之间的互动。没有有效的联结互动，新闻媒介体制只是一个松散的框架，不能对整个新闻领域形成任何有力的规范；没有有效联结互动，新闻媒介体制同样会是一个僵化的框架，终究不能实现自我革新以应对不断变化的新闻生态，反而还会束缚新闻事业的发展与进步；没有有效联结互动，新闻媒介体制终会成为一个软弱的框架，在面对社会宏观背景剧变与其他社会子系统的冲击时，绝不能保障新闻事业应有的相对独立性与专业性。

笔者之所以认为"同心圆"式的层次结构是新闻媒介体制的最基本特征，主要原因在于其清晰地呈现了新闻媒介体制的核心意涵，明确了各组成要素以及它们各自之间的布局安排与互动关系，这些都为进一步分析新闻媒介体制的其他特征奠定了坚实的基础。

5.2.2 新闻媒介体制是一个历史的存在

作为一个历史的存在，新闻媒介体制有其自身的历史发展过程以及在每一个特定阶段的具体表现。

"社会环境不仅决定传媒制度、传媒发展水平，甚至决定传媒的行业规范、职业理念和运作方式。"（罗以澄，吕尚彬，2010：54）我们时常所提及的新闻媒介体制是特定在某一历史时期，特定在某一宏观经济、政治、文化与社会背景下的，可以说，那只是某一个阶段的新闻媒介体制，是一种过程性的存在。自然，每一类别的新闻媒介体制要安排、指导、规范并服务于每一个历史的"当下"，只不过，新闻媒介体制并不是人们凭空臆造的，更不是一成不变的，如果当一个社会认为他们找到并且实际拥有了最完美的新闻媒介体制并可以从此安于现状，那只能说明他们并没有对新闻媒介体制的历史性有足够的了解，对他们所处社会的根本情况没有清晰的认知，甚至对社会发展的一般客观规律的体会与感悟是盲目的。实际上，不仅是新闻媒介体制，包括任何客观事物在内，不可能存在绝对的完美，也不可能与社会环境达成绝对意义的契合。任何新闻媒介体制，都会有孕育、萌芽、产生、成长、壮大、衰退直至消亡的历史过程，只不过不同的新闻媒介体制在不同的历史发展阶段的时间跨度不同，发展方式不同，这也是除核心内涵外，对不同新闻媒介体制进行区分的一种有效方法。

因此，我们不能只看到一个较为成熟与完备的新闻媒介体制与其所处社会历史环境以及具体新闻实践的互动配合，还应该看到无论是在哪个历史节点上，当时的新闻媒介体制都是之前各个历史时期，各个发展阶段演变与积淀的结果。如同人们时常讲起的"站在巨人的肩膀上"，对于新闻媒介体制的认知，首先离不开对其发展源流的认知，这既是对历史贡献的尊重，也是全面认识把握并进一步优化完善现有体制的基础。当然，新闻媒介体制的发展过程同社会其他事物一样，也存在着从既有阶段向更高级阶段转型升级的过程，那么在这一过程当中，当下的新闻媒介体制就会成为新型新闻媒介体制的源流与必要准备，成为新型新闻媒介体制的历史，而新型新闻媒介体制也恰恰是在当下新闻媒介体制的问题之处而孕育诞生并突破发展的。总而言之，把握新闻媒介体制的过程性存在就是要明了它是从哪里来，判断出它的可能发展方向，确保使其成为一个不封闭、不僵化、不绝对化的秩序安排，这也是准确认知与理解每一个"当下"的新闻媒介体制的重大意义所在。

新闻媒介体制除了自身始终作为一个过程性的存在之外，在更为宏观的历史时空背景下，它同样具有明显的历史性特征。以美国为例，简单地说，在便士报兴起之前，美国的新闻媒介体制可以称为宣传（政党报刊）体制，当商业报刊崛起之后，它的新闻媒介体制逐渐转化为自由主义的体制，而在 20 世纪四五十年代，伴随着社会责任理论的兴起，美国新闻媒介体制慢慢走向新自由主义的阶段。同样，在我国，从新中国成立之初到改革开放之前的新闻媒介体制应当是苏联式的宣传体制，改革开放之后，在事业化管理，企业化经营方针的指导下，我国新闻媒介体制演变为以宣传为主导，且带有一定专业色彩的具有中国特色的新闻媒介体制，而在社交媒体发展得如火如荼的当下，普通民众作为一支重要且不容忽略的力量正在给中国特色的新闻媒介体制带来一些新的改变。上述例子都充分说明在历史发展的纵向进程中，不同历史时期拥有不同的新闻媒介体制，当然，出现这种情况是新闻媒介体制自身发展流变与社会宏观环境变化双重作用的结果，只不过，新闻媒介体制在不同历史时代的差异刚好也可成为划分不同历史时代的依据。

另外，新闻媒介体制自身所具有的开放与包容的品质是其作为一个历史性的存在的重要基础。实际上，新闻媒介体制是动态存在的，首先，其内部各组成要素之间就长期处在相互协调，紧密互动的关系之中，而无论是其整体还是它的各组成要素，也都时刻在同社会其他子系统以及社会整体进行着互动，当然，这也与新闻传播活动的本质特点是分不开的。相比较而言，处在执行层的新闻媒介组织及其工作者同其他系统的互动频率最高，方式也更为直接具体，而观念层面与管理层面的互动往往也需要借助于运行主体才得以顺利开展。笔者想要强调的是，正是因为新闻媒介体制是一个具体的历史的存在，是一个在与时俱进中不断积累的存在，它才需要具备开放包容的精神，灵活变通的态度，在互动交流中取其精华去其糟粕，致力于自身的完善，这不仅是新闻媒介体制发展变革的动力所在，而且也彰显了新闻媒介体制的强大活力。任何历史时期的新闻媒介体制都是有局限性的，致力于新闻媒介体制与新闻实践的高度契合只是一个理想化的追求与不懈的努力方向，但这也恰恰证明了开放包容的新闻媒介体制是何其重要。实际上，通过与社会各领域在多个层级之间的互动交流，新闻媒介体制完全可以实现平稳的更新变革，只不过这两者之间并不是必然的关系，这其中，还需要考虑外部力量，尤其是政治经济力量对新闻媒介体制的影响程度。但可以肯定的是，外部力量强势阻挡新闻媒介体制的开放与包容的互动，最终只会维系一个封闭僵化的，毫无生机活力的，落后的新闻媒介体制，而交流互动被长期阻隔也只会使新旧新闻媒介体制之间处于一种对抗的状态，可以想见，在如此情形下，新闻媒介体制的更新变革极有可能是震荡式的。

除了上述从整体上展开分析讨论，新闻媒介体制的历史性特征还可以从各组成要素的角度进行研究。新闻观念的核心意涵是要阐明新闻是什么以及新闻应该是什么，本质上，它是对新闻实践活动的经验总结与精神把握。纵观新闻事业，自诞生之日起，新闻的内涵，新闻业与新闻活动的应然追求就一直随社会环境的变化而变化，近些年，由于技术革新而给新闻事业带来的变化则更为显著，总体上，变化是绝对的，是一直存在的。何况，新闻事业本来就是一个日新月异、飞跃发展的事业。因此，新闻观念本身也是历史性的存在，它也只是对某一特定情境下的新闻实践活动的历史性的概括与呈现。就新闻管理而言，无论是新闻管理的制度规范，还是与之相应的管理组织，皆是历史性的存在。比如，美国 1996 年的《电信法案》是对 1934 年的《通讯法案》的调整修订；我国于 2013 年实施的国务院机构改革与职能转变，将新闻出版总署与广电总局整合为国家新闻出版广电总局；2018 年，我国组建了国家广播电视总局，不再保留国家新闻出版广电总局，而国家电影局与国家新闻出版署（国家版权局）正式揭牌成立，隶属于中共中央宣传部。上述实例都是为了适应时代与社会的变迁而做出的重大改变，也表明了新闻管理只是对新闻实践活动的历史性管理。至于新闻媒介组织及其工作者，他们作为实际参与新闻实践活动的行为主体，自然会因宏观社会环境的变化，整个新闻事业发展的阶段性特点以及不同新闻事件的典型特征而及时调整改变自身的职业行为，简单地说，就是行为主体的行为是历史性的，而究其根本，则是由于行为主体本身是历史性的存在。这不仅是指新闻实践活动主体，而是包括所有社会行为主体。行为主体会因外部环境与自身主观能动性的影响，不时改变自身的客观认知能力，主观评判能力，社会实践能力等多方面的能力，而行为主体能力的改变，或者说就是行为主体自身的改变自然也会影响主客体之间的作用关系。所以说，作为历史性存在的所有社会主体会以历史的理念、历史的方法规则对客观世界形成历史性的认知、评价与改造，与客观世界之间发生历史性的相互作用。正是由于构成新闻媒介体制的各组成要素自身均具有明显的历史性特征，因此，新闻媒介体制的历史性特征也是由它们决定的。

新闻媒介体制的历史性特征预示着我们要在完整的历史发展链条中去考察它，既不能无视其历史积淀的成果，也不能空想其未来发展的走向，更不能沉醉其眼下与各方面的契合。实质上，历史性特征也恰恰是新闻媒介体制的内生活力与改革动力所在。尊重、正视新闻媒介体制作为一种历史性的存在，既有助于我们认清其真正的面目，也更有利于让它保持开放性、包容性与灵活性。

5.2.3　新闻媒介体制既依赖于整个社会体制又能够相对独立地运行

新闻媒介体制是对新闻实践活动在认识层面、价值层面与方法层面上的一种秩序安排，其内部拥有较为完善的理论体系与实践体系，可以有效地指导、约束与服务新闻实践活动。同时，新闻媒介体制不可避免地要与其他社会子系统和整个社会宏观环境发生联系，产生互动，诚如有学者所说的，"如果我们将新闻媒体从其运作的社会、经济和政治背景下分离出来，我们就有可能夸大媒体的权力和影响力"。（艾伦，2004/2008：27）依赖性与相对独立性是一体两面的关系，既相互冲突又辩证统一，而新闻媒介体制实际上就兼具这两种特征，时而能够独立自主，时而又遭受约束控制。

新闻媒介体制的依赖性主要表现为其对政治体制、经济体制与文化体制的依赖。一个社会的社会体制基本上是由政治体制、经济体制与文化体制相互协作配合而组成的有机结构系统，因此，从整体上看，这三类体制也是最宏观的，首要的，居于主导地位的。相比较而言，新闻媒介体制则是中观的，较为重要的且隶属于文化体制。这就意味着政治体制、经济体制与文化体制的性质和特征决定了新闻媒介体制的性质和特征，新闻媒介体制则从属于整个宏观的社会体制内，受其影响、规范与制约。简单来讲，就是有什么样的社会体制，就会有相应配套的新闻媒介体制。如果出现了社会体制与新闻媒介体制在性质、特征等方面的错位情况，那也就表明双方之间的关系已经或接近处于一个转型的阶段，至于这个转型是由社会体制的变革所主导还是因新闻媒介体制的驱动而引发，则要视具体的情况而定。一般而言，由社会体制变革领导的新闻媒介体制变革更为常见也简单易行，相反，新闻媒介体制变革反作用于社会体制变革的案例却非常少见且实施难度极大。

依赖性特征展现的是新闻媒介体制的被动性，尤其是在新闻媒介体制与社会体制的相互关系中表现得更为明显。然而，新闻媒介体制也拥有一定的主动性，这一点体现在其相对独立性的特征之中。

从上述对于新闻媒介体制的依赖性特征的描述中可以清晰地发现，新闻媒介体制作为一个中层体制，是不可能完全独立于整个社会体制的，也不可能完全摆脱对于客观新闻现象的依赖，因此，新闻媒介体制的独立性特征只能是相对而言的。具体来讲，从新闻媒介体制的内部来看，它拥有一套高度统一的结构体系与完备的运行逻辑，能够按照合乎规律性与目的性的观念系统、道德规范与实践原则对具体的新闻实践活动做出科学合理的指导与安排，在一定程度上，新闻媒介体制可以自主进行安排布局。从新闻媒介体制与其他体制系统的相互关系来看，它不仅可以自主地同其他中层的体制系统进行平等的互动交往，相互学习借鉴，而且还可以主动地凭借自身改革与突破的成功实践反作用于宏观的社会体制系统，甚至有可能对其施以重要的影响，成为其改革的先导与源泉。有学者曾指出："媒介体制对政治体制以及政治体制与媒介体制的相对影响也许是随历史发展而变化的，一些时期政治力量主宰媒介体制，其他时期媒介体制则较为独立（或更多地受到经济力量的决定），并且可能对政治世界施加较大的自主性影响。"（哈林，曼奇尼，2004/2012：46）另外，无论是新闻观念、新闻管理，还是新闻媒介组织及其工作者，必然同其他领域内的观念、管理、组织及其工作者有着明显的区别，而新闻媒介体制终究是围绕新闻领域的一种秩序安排，自然，新闻媒介体制与其他领域的体制也是截然不同。正是因为上述显而易见的差异，也就决定了新闻媒介体制的相对独立性。

通过对新闻媒介体制自内而外的综合分析，可以看出，它具有鲜明的相对独立性。这一性质，意味着新闻媒介体制可以独立自主地根据新闻领域的客观规律进行建构、更新、演变与改革，可以独立自主地按照社会发展的一般规律在整个社会体制内开展互动交流，也就是说，它并不会完全受制于宏观的社会体制。在一定程度上，正是因为相对独立性，新闻媒介体制才可以被称为新闻媒介体制，才可以真正地成为其自身，具体的新闻实践活动才有充分的依据，本研究也才有实际的意义。

5.2.4　新闻媒介体制的演变路径与存在形式是多元的

直观来看，新闻媒介体制具有非常明显的多元性特征。《传媒的四种理论》一书将全球媒介体制划分为威权主义、自由至上主义、社会责任与共产主义模式，《比较媒介体制》则是把西欧和北美的媒介体制总结为极化多元、民主法团与自由主义模式，且每一模式内部也存在诸多差异，除此之外，还有多种区分媒介体制模式的方法。诚如上文所述，新闻媒介体制作为一个中层体制，受制于政治、经济、文化等宏观的社会体制，而世界各国的国情差异化明显，政治经济文化的发展水平与发展道路也十分迥异，全球文明的多样性已是不争的事实，自然，各国的新闻媒介体制之间会存在显著的区别。

新闻媒介体制的多元性还体现在如下两个方面。一方面，从纵向的历史发展进程来看，不同国家的新闻媒介体制的演变路径有其自身的特点。从普遍的意义上说，人类社会发展的一般规律是要经历从原始社会、奴隶社会、封建社会、资本主义社会、社会主义社会直至共产主义社会的历史发展进程，表现为由低级到高级，由简单到复杂的基本趋势。然而，在总的趋势一致的情况下，各国的发展方式、发展速度与发展道路都表现出明显的不同，例如，我国就直接跳过了资本主义社会而直接进入社会主义社会的初级阶段，美国则是连跳了奴隶社会与封建社会两个阶段而直接迈进资本主义社会，当然，在历史发展的进程中还出现了许多短暂的"逆流"。同理，评判一个新闻媒介体制是否正确、合理与先进，还是要看它是否与所处的社会环境相适应，是否能够保障最广大民众的知情权、表达权、参与权与监督权，是否能够服务公共利益与捍卫社会的公平正义，这也是新闻媒介体制发展最一般的趋势与取向。不过，不同国家的新闻媒介体制的发展轨迹都各有其特色。以中美俄三国为例，粗略地说，我国的新闻媒介体制从新中国成立初期的宣传或是共产主义模式转变为现今的以宣传为主导，且带有一定专业色彩的具有中国特色的基本模式；俄罗斯在经历苏联时期的共产主义模式之后曾短暂地尝试自由主义模式，然而，目前又重新回到宣传模式之中；美国则在结束政党报刊时期的宣传模式之后，长时期都被奉为自由主义模式的代表，然而在近些年，宣传模式有"重登历史舞台"之势[①]。不管各国的实际情况如何，新闻媒

① 参阅秦汉（2016）. 媒介体制：一个亟待梳理的研究领域——专访加利福尼亚大学圣地亚哥分校传播学院教授丹尼尔·哈林.《国际新闻界》. 38（2），78.

介体制在本质上还是要努力同人民的根本利益相契合，能够为人民所拥护和支持，这是新闻媒介体制发展的统一性，而各国自主选择的不同发展路径，反映的是新闻媒介体制的多元性。统一性要通过多样性而存在，而多样性又蕴含着统一性，它们两者是辩证统一的关系。

另一方面，从横向比较看，处于同一社会形态或是同一宏观背景下的不同国家的新闻媒介体制也各有其自身的特点。比方说，英美两国作为典型的资本主义国家，均主张自由主义的新闻媒介体制模式，但是，公共广播电视体制在英国取得了成功，却在美国难以拥有一定的生存空间。出现这种情况的原因涉及多个方面，包括本国的历史传统与现实国情，国际环境的影响，新技术的冲击，对新闻领域的认知与评价，等等。马克思也曾说过："相同的经济基础——按主要条件来说相同——可以由于无数不同的经验的事实，自然条件，种族关系，各种从外部发生作用的历史影响等，而在现象上显示出无穷无尽的变异和程度差别。"（马克思，恩格斯，1974：892）新闻媒介体制的多元性终究体现的是社会历史的选择性，而包容多元选择则意味着是对各国国情以及各国人民的具体社会实践的尊重，实际上，各国没有必要设计或是模仿同一类型的新闻媒介体制，况且，在多元文明发展的今天，也很难设计出具有绝对普遍意义的新闻媒介体制。

结合横纵两方面的分析，可以看出，新闻媒介体制的多元性特征恰好印证了比较分析方法的重大现实意义。通过比较，我们既能对不同国家不同类型的新闻媒介体制加以区分，也能更加深入全面地认清每一种新闻媒介体制的具体情况。这些都为进一步促进它们之间的相互联系，发现问题，解决问题，提供了必要的准备。

5.2.5 新闻媒介体制的构建源于新闻观念

上述四个特征是从新闻媒介体制的整体出发而总结出来的，而从新闻媒介体制的各组成要素的视角切入，我们还可以概括出其他的一般特征。

新闻观念作为新闻媒介体制的核心要素，其自身所具备的精神性特征决定了新闻媒介体制也具有精神性。精神性，简而言之，就是人的主观意识与主观想象，与物质性相对立。就新闻观念的层面而言，新闻媒介体制实际上是一种形而上的主观设计与精神想象，是对新闻领域应然层面的一种理想追求，也是对新闻领域各个方面的一种精神准备和宏观布局，往往具有指引与感召作用。当然，这种精神上的设计与建构，本质上是对现实世界的一种超越，不过，它终究还是要依靠我国乃至当今世界的具体实际，否则，这种主观设想就会沦为一种空想。具体到我国，就是要在中国特色社会主义的宏大现实背景下，在吸收世界其他国家的有益经验的基础上，来勾勒与设计出中国特色的新闻媒介体制。

新闻媒介体制是由新闻观念、新闻管理与新闻媒介组织有机构成的统一体，实际上，它本身并不是一个真真正正的具象化的存在，而是贯穿在整个新闻事业当中的一条生命线，为新闻领域提供的一种秩序安排。当然，新闻媒介体制的这种抽象的、精神性的存在主要还是体现在新闻观念层面上。然而，新闻媒介体制仍旧能够约束、规范、指导甚至是改造新闻领域，关键是离不开作为中介的人的主体作用。毕竟，精神性强调的是形而上，它不可能直接作用于客观世界，而精神性的本质恰好是人的精神性，只有人才能拥有想象、设计、建构、改造甚至是创造精神。因此，我们也可以说，新闻媒介体制是人的体制，它源于人们在主观层面上的想象设计，也落实在人们的具体新闻实践活动之中。只有精神层面的设想同现实层面的需求相一致，新闻媒介体制才可以良性地运转，才能够为具体的新闻实践活动提供支持与保障，才能够为实践主体提供指导与服务。这也就从另一个角度解释了为什么新闻媒介体制的执行层是新闻媒介组织及其工作者这个运行主体。

　　精神性特征对新闻媒介体制有很重要的实践意义，也可以认为，它对新闻媒介体制提出了很高的实践要求。"新闻精神是新闻活动主体对新闻活动应该如何的最集中的表达和体现，新闻精神本身的合理性，是以承认新闻规律的客观性为前提的。因而，规律的稳定性决定了新闻精神的稳定性。"（杨保军，2007：33）精神性特征明确了新闻媒介体制具有一定的内在稳定性，当然，这种内在稳定性还源于"同心圆"结构本身各层级之间的协调配合。试想，如果新闻领域的主导新闻观念一直在改变，新闻媒介体制也会因此随之不停地改变，那么，这只能给新闻领域带来思想上的混乱，并进而冲击新闻实践活动的秩序。实际上，这种不停的变化表明，对于需要什么样的新闻媒介体制，相关主体在源头上就没有彻底思考清楚。而且，不光是新闻媒介体制，包括任何体制在内，它们的转型都不会很容易，越是宏观的体制就越困难，一方面是因为体制本身会牵涉方方面面的因素，另一方面则是因为长期实践所积累的惯性。我国从计划经济体制转化为社会主义市场经济体制，新闻媒介体制从完全的宣传模式到以宣传为主导，且带有一定专业色彩的具有中国特色的新闻媒介体制的转变就都不是一蹴而就的，中间经历了不少波折与挑战，其中，最为困难的还是人们在思想上是否能够理解与认同。当然，笔者并不是想要绝对化任何一个体制，只不过任何体制，包括新闻媒介体制在内，在设计想象上要符合客观规律，符合时代需求，在转型升级上，要保持连续性与有效性，避免"急转弯"，尽量实现"软着陆"。倘若失去了连续性与有效性，就会导致体制在总体上的不稳定，这不仅会造成体制运转的不得力，而且还有可能激发反体制行为的发生。因此，一个良好的新闻媒介体制是在相当长的一段时间内能够给新闻传播活动提供坚实保障的，是合乎大众的共同现实利益与精神追求的。

5.2.6 新闻媒介体制规范着具体的新闻传播行为

诚如前文所述，职业的新闻管理制度要通过法治思维与自由竞争的路径来营造，因此，职业的新闻管理方式主要是指实际成文的各类型、各层级的法律法规，伦理道德规范以及各新闻媒介组织内部所制定的一些规章条例，而宣传的新闻管理制度则是在行政指令与计划经济的基础上来建构的，所以其管理方式主要包括各种指示、命令、政策与纪律，且往往是以不成文的形式出现。先不论哪一类管理方式更加科学合理，更加贴近新闻事业发展的实际，它们对新闻行为的规范作用是共通的，而且都是一种外在的硬性约束。不论是职业的新闻管理，还是宣传的新闻管理，其核心要旨都是致力于建立一套用来约束、衡量、评价与指导新闻传播行为的尺度和标准，只不过，这两者在管理理念上存在明显的不同，所以才导致了管理方式上的差异。在新闻媒介体制的"同心圆"结构中，新闻管理位于中间层或是衔接层，它对新闻媒介组织及其工作者的行为上的约束与规定，为新闻媒介体制打上了规范性的烙印。

新闻媒介体制的规范性体现在两个方面。第一，以衔接层的新闻管理为核心，对具体的新闻传播行为施以硬性的约束与规范。实际上，任何职业的新闻传播行为都属于新闻媒介体制管辖范围内的行为，也就是说，任何新闻媒介组织及其工作者都应在新闻管理所设定的框架内，按照具体的规范原则开展活动。这是具有强制作用的，需要新闻媒介组织及其工作者无条件地服从，不论他们在主观认知上是否认同。如果他们公然对抗、违背规范原则，那么将要面临道德上的谴责，组织上的批判，经济上的惩罚与法律上的制裁等程度各异的处理措施。当然，处罚与制裁只是手段，并不是目的，新闻管理的真正目的是要让新闻媒介组织及其工作者能够在规范的范围内自主自觉地从事新闻活动，确保新闻领域的合理有序。需要补充的是，普通民众的新闻行为亦受到新闻管理原则规范的硬性约束，这是保障整个新闻场域规范化的必然要求，同时也说明了新闻管理原则规范的社会化、公众化的必要性。

第二，在宏观上，新闻媒介体制作为一种秩序的安排，本身就蕴含着对具体新闻传播行为在方向上的规范。新闻管理是在较为具体的层面，规范着新闻媒介组织及其工作者什么可以做，什么不可以做，而新闻媒介体制实际上相当于一个宏观框架，它规范着新闻媒介组织及其工作者不得逾越这个框架而开展新闻传播活动，因此，同新闻管理相比，它也更模糊与抽象一些。诚如有学者讲道："制度构建旨归在于有效规范和约束人们行为，并对人们行为选择产生强大的激励和导向性。"（赵泉民，井世洁，2011）新闻媒介体制对于新闻媒介组织及其工作者而言，更多表现出来的是一种价值判断与宏观的实践安排，或者我们可以将其理解为是一种行为取向，是一种主观追求。一般而言，当新闻媒介组织及其工作者在新闻媒介体制所预设的框架内从事新闻活动时，这表明他们的行为选择与体制的价值指向是一致的，也决定了他们的具体的新闻传播行为不会与新闻管理的制度规范发生剧烈冲突，即使偶尔出现一些不一致的情况，也在合理可控的范围。

5.2.7 新闻媒介体制的实现与演变主要依靠职业新闻传播主体

新闻媒介体制的现实指向是具体的新闻实践活动，它是要通过观念建构与管理制度上的层层引导来规范新闻媒介组织及其工作者的新闻传播行为，所以说，新闻媒介组织及其工作者是运行主体，他们要把新闻媒介体制的本质要求主体化、内在化，落实在自己的行动当中。归根结底，新闻媒介体制是人的体制，是职业主体的体制，新闻媒介体制的理念设计与制度构想终究需要人或职业主体来实现。只有当新闻媒介体制的秩序安排实际作用于新闻媒介组织及其工作者时，我们才可以说这个体制是一个真正的存在，是一个有效的存在。新闻媒介体制的真正活力就体现在主体性的特征之中。倘若"同心圆"结构中缺少了运行主体，那么，这个新闻媒介体制只是一种思想上的，观念意义上的存在，是完全形而上的，是毫无任何规范意义的。单纯的理论描述由于无法现实化，无法为实践提供指导与帮助，其总体意义是缺乏的，这也是为什么我们一直强调理论要同实际相结合。那如何做到相互结合，关键一点就是要重视人的主体性这一本质属性，要让理论经受主体在实践当中的检验。

新闻媒介体制的主体性还表现为不同的新闻媒介组织及其工作者对同一新闻媒介体制既有可能在认知与态度上相一致，在实践中与其相互协调，也有可能在认知与态度上截然相反，在实践中同其发生冲突。一般情况下，不同的新闻媒介组织及其工作者之间的差异性远大于共同性。本研究曾经提到，我国目前的新闻媒介组织分为党和政府主办的媒体，都市类媒体与商业网络媒体这两大类，基本上，这两类媒体都能与以宣传为主导，且带有一定专业色彩的具有中国特色的新闻媒介体制相适应，只不过，它们各自在媒介表现上有一定差异，且这一方面也最为直观、明了①。都市类媒体与商业网络媒体往往主要按照新闻传播的基本规律，根据新闻价值的判断来进行新闻报道，而党媒则会完全遵照宣传的基本要求，根据宣传价值的大小进行报道。实际上，即使不同类别的新闻媒介组织及其工作者的媒介表现是一致的，那也并不能说明他们对待新闻媒介体制的认知与态度就是吻合的。媒介表现只是一种外部存在，一个新闻媒介体制能否进入新闻工作者的内心，令其心悦诚服，能否转化为新闻媒介组织的组织文化，并与其相互融合，是决定该新闻媒介体制能否成为一种内在的秩序安排，能否转化为一种有效存在的关键一环。否则，新闻媒介体制将要面对虚假的迎合，含蓄的解构与公然的抗争。实际上，这又回到了新闻媒介体制的核心层，也就是新闻观念的问题，即新闻媒介组织及其工作者的身份认知和角色信念与新闻媒介体制的核心新闻观念是否一致。

---

① 可参阅陈阳（2012）. 媒体地域、媒体级别、媒体导向与专业主义媒介表现——基于全国五城市媒体的内容分析报告.《国际新闻界》，34（7），45-51.

　　除了新闻媒介组织及其工作者，一般而言，其他不同的社会主体对于新闻媒介体制的认知、态度以及在实践中的相互协调程度也不尽相同。仍以中国特色的新闻媒介体制为例，党政领导对它应该是基本满意的，因为它体现了执政理念，满足了执政诉求；商业者则有可能认为现有体制并未充分释放市场的活力，所以他们才会遇到一些经营上的困难；而普通民众也许会认为该体制对他们的新闻传播活动的包容程度还不够；等等。表面上看，是因为各主体身份上的差异导致了他们对于新闻媒介体制有不同的认知与评价，而实质上，则是因为新闻媒介体制的内核会牵涉到他们的根本利益。身份的多元，利益诉求的多样，决定了不同社会主体同新闻媒介体制之间的关系也会不同，正因如此，才充分显示了新闻媒介体制的主体性特征。

　　最后，新闻媒介体制不仅主要依靠新闻媒介组织及其工作者这一运行主体来实施，而且新闻媒介体制的建构、改革与创新同样离不开相关主体，在这当中，新闻媒介组织及其工作者扮演主要的角色，发挥主要的作用，而其他社会主体也会或多或少地参与到这一进程中来。正如前文所讲，任何一个新闻媒介体制都是有其历史发展过程的，它不能只停留在"当下"的实施阶段，而是要在不断的改进和成长中同主体的实际需求与客观的社会环境相契合。完整地说，就是主体根据现实环境与自身需要创造新闻媒介体制，主体根据环境变化与实践反馈变革新闻媒介体制，主体根据客观环境的剧变与自身需要的改变再创造新的新闻媒介体制，这一进程周而复始、循环往复。本质上，新闻媒介体制每时每刻都不可能完全脱离人或其他主体而存在，同时，主体创造、变革与再创造新闻媒介体制的过程也是主体维护切身利益，提升自己与改造客观世界的过程。

5.3　当前我国新闻媒介体制的基本特征

作为整个新闻媒介体制系统中的一个特殊存在，我国新闻媒介体制在拥有新闻媒介体制的一般特征的基础上，还具备一些个性特征，而认识这些个性特征恰恰就是我们深入了解与全面把握我国新闻媒介体制的根本所在。

首先，我国的新闻媒介体制也是由新闻观念、新闻管理与新闻媒介组织这三个要素所构成的"同心圆"式的层次结构，自然，这三个要素也决定了我国新闻媒介体制具有精神性、规范性与主体性的特征。同时，它也是一个历史性的存在。我国目前的新闻媒介体制既是以往发展过程的累积，又是未来发展的前提，我们只有把新闻媒介体制的发展变迁看作一个整体时，现下的发展阶段才能被准确地定位与解读。另外，我国的新闻媒介体制在总体上受制于政治、经济、文化等宏观的社会体制，不过，它也有相对独立的一面，既能反作用于宏观社会体制，也能独立自主地处理体制内的问题，同其他中层的社会体制展开互动。最后，从清朝末期到民国，再从新中国成立到改革开放，在这些不同的历史时期中，我国的新闻媒介体制也有着不同的呈现。

眼下的中国，正处在中国特色社会主义建设的新时代。"两个一百年"的奋斗目标意味着改革发展稳定工作也进入了"深水期"，任务更加艰巨繁重。自然，中国特色新闻媒介体制也在时代发展大势变革，党和国家中心工作不断调整与深化，新闻事业与新科学技术飞速发展，公民科学文化素质不断提高、媒介素养不断提升以及公民社会日益壮大的过程中不断转型升级。当然，转型升级的过程不是平白无故自然而然地发生的，它是在内因与外因的双重作用下出现的。一方面，任何事物发展都有其内在规律，都要经历从孕育萌芽到成长壮大最后到衰落消亡的过程；另一方面，事物的发展要不断适应外部世界的变化。当自身生命力在不断消退的某一事物遇到社会环境变化所带来的巨大冲击时，改变或者说是转型升级已是势在必行。当然，这里面也包含着一些明显的问题，那就是如何转型升级，向何处转型升级，而弄清楚这些问题，还是需要先搞明白转型升级条件下的基本概况是什么，具体到本研究，那就是要厘清在实施转型升级时，我国新闻媒介体制的基本特征是什么，只有在这一基础上，才能进一步分析我们当前遇到了哪些问题，如何解决这些问题，如何深化转型升级过程，转型升级的方向会有哪些可能的选择等。

相较于稳定的阶段，处于转型升级时期的新闻媒介体制可能要面对更加复杂的局面，不仅是原有的关系模式会被打破，而且还要迎接新因素所带来的影响。综合来看，无论是在体制内还是在体制外，新闻媒介体制都将面临多重力量的考验，也只有经过多重力量之间的相互竞争与博弈，重构各方之间的关系，新闻媒介体制的转型升级过程才有可能完结。马杰伟曾将我国置于转型与混合社会条件下，反思媒体研究。他认为，在以不稳定性和斗争性为特征的"国家-市场"复合体中，国家并没有削弱它作为一个独立的治理机构的地位，依然对媒体进行管控和干预，而媒体的经理们还同时扮演着党员、记者和企业家的多重角色。国家既是市场的参与者，又是市场的调控者，因此，中国的媒体市场既受到管控，又受到激发。同时，伴随着互联网的出现，"积极的受众"能够更为民主化地接触到广泛的信息以及物质和文化资源（马杰伟，2000/2011：33-37）。可以看出，政治（政党、政府）力量的规制，经济（市场）力量的牵扯，民众力量的崛起，技术力量的助推，都实实在在地作用于转型升级条件下的中国，也的确影响着中国特色新闻媒介体制，具体来说，是它们合力打造出了中国特色新闻媒介体制的现实图景。当然，需要补充的是，中国特色新闻媒介体制的任何变化都离不开新闻媒介组织及其工作者这一运行主体，这也是新闻媒介体制研究的应有之义，自然，作为形而上的新闻专业主义的观念与话语也会通过他们发挥其作用。

在具体剖析中国特色新闻媒介体制的基本特征之前，有必要先解释一下两个基本概念，即内生变量与外生变量。在计量经济学中，它们分别指由系统内所决定的变量和任何与所考虑模型中的误差项不相关的变量，我们也可以简单地将它们理解为内生性因素（内因）和外生性因素（外因）。笔者之所以借用这两个经济学的概念，目的是想要通过从内到外以及由外向内这两个维度来分别对中国特色新闻媒介体制进行考察分析，也只有在此基础上，综合的论证才有实际意义。实际上，中国特色新闻媒介体制的基本特征也主要源于这两股力量的塑造，即体制内力量（内生变量）与体制外力量（外生变量）。一般来讲，体制内力量主要是指由新闻媒介体制内部各组成要素之间的相互作用所产生的，而体制外力量，顾名思义，是指多重变量从外部施加给新闻媒介体制的。不过，我们并不能因此就将体制内力量与体制外力量绝对化，它们两者的界限还是带有一定模糊性的。体制内力量的产生有时离不开体制外力量的激发，而体制外力量的成功实践也时常需要体制内力量的积极配合，可以说，这两股力量保持着一种互动的关系。我国新闻媒介体制是宣传主导型，且带有一定专业色彩的具有中国特色的新闻媒介体制，也正因如此，笔者认为中国特色新闻媒介体制的基本特征是：由多种逻辑共同塑造且自身也受到多重外部因素的影响。总的来看，中国特色新闻媒介体制正处在体制内力量与体制外力量的合力作用之下，经受着来自多个方面的考验。进一步讲，合力作用的最终结果如何，也就预示着中国特色新闻媒介体制的未来发展会是何种走向。

5.3.1 多种逻辑共同塑造中国特色新闻媒介体制

"比较分析有可能使我们留意原来没有留意到并因此没有加以概念化的东西，也迫使我们澄清我们所使用概念的范围和适用性。如果说比较使我们对变异性保持敏锐，那么它也可以使我们对相似性保持敏锐。"（哈林，曼奇尼，2004/2012：3）因此，我们运用比较分析的研究方法，首先要达到的目的就是能够对相关研究对象做出比较全面与清晰的解释，并在此基础上重点把握其特殊性，其次才是基于具体的社会语境做一些具有一定普遍意义的探讨。鉴于此，我们同样可以通过横向的比较，把我国同其他国家的新闻媒介体制进行区分，把握其基本特征。

目前来看，当今世界主要国家的新闻媒介体制呈现出一元逻辑或是一元逻辑主导下的多种逻辑和谐共生的基本特征。具体来讲，以英美加为代表的传统西方资本主义国家，秉持自由主义理念，强调专业化原则，通过法律的形式切实保障新闻媒介组织及其工作者的相对独立性，有效约束国家的行为，即便是在英国，自由主义的模式也并未阻碍公共广播电视事业的发展；而以意大利、西班牙为代表的南欧国家，意识形态构成具有多样性，国家与政党强势介入新闻领域，新闻媒介组织常常成为政治争斗的竞技场，新闻工作者也需要为政治精英服务，总体上，工具化色彩表现得较为突出；至于以瑞典、丹麦为代表的北欧国家，它们能够同时包容新闻自由与国家干预，因此，不同类型的新闻媒介组织及其工作者能够平等共存，均等发声，致力于维护公共利益。当然，苏联也是一元逻辑的代表，它们以新闻宣传主义观念指导新闻事业，突出执政党的纪律、政策、策略和领导人的命令指示对新闻传播活动的管理约束，新闻媒介组织及其工作者实质上是宣传机构与宣传工作者，要完全服从于党和国家的领导。笔者援引这些例子，只是想说明，在这些国家的新闻媒介体制中，都拥有一条从新闻观念这一核心层出发，贯穿整个同心圆结构的主线，其实也就是整个新闻媒介体制的运行逻辑。在上述这些国家中，这条主线好比树木的主干，拥有绝对的领导实力，支撑着整个新闻媒介体制的运转，即便是在主干上生长出了一些枝芽，那也是对主干的点缀，"旁逸斜出"并不足以撼动主干的地位，因此，这样的新闻媒介体制具有较强的稳定性与足够的包容性，可谓带有一体化的特征。

笔者曾经在宏观上将我国新闻媒介体制的基本特征概括为："党始终保持对新闻事业的绝对领导，商业力量对新闻事业的'双刃剑'作用日益凸显，专业化的新闻事业体系初具规模；政治属性或意识形态属性、商业属性与新闻专业属性之间保持互动关系，且这一互动过程贯穿在构成新闻媒介体制的各组成要素之中。"（秦汉，杨保军，2015）实际上，由于这三种属性在本质上是截然不同的，甚至还存在一定的对立，因此，它们之间的互动，其最理想的状态就是能够达成一定共识，实现总体平衡，从而使我国的新闻媒介体制能够以一条明确的逻辑来运转，保持总体上的稳定，进而保证我国新闻事业的稳定发展。然而，想要这三种属性在实际互动中求得平衡是比较困难的。就目前来看，中国特色新闻媒介体制在总体上实现了多元观念、多元规范与多元主体之间的各司其职与和谐共生。

随着我国经济社会的全面深入发展，各项事业都逐步放弃了对苏联共产主义模式的全盘仿照，开始探索有中国特色的社会主义发展道路，新闻事业作为整个社会事业的重要组成部分自然也不例外。其中，一体化的超稳定的宣传主义新闻媒介体制在面对国际与国内两个环境的变化时受到了一定的冲击，我国也因此进入了建构新型新闻媒介体制的过渡阶段。之所以要经历过渡阶段，主要是基于两个方面的原因。第一，在过去较长的一段时间内，我国一直保有宣传主义的新闻媒介体制，可以说，该体制已是深入人心，因此，从路径依赖的角度看，我国也不可能一下子就建立全新的新闻媒介体制，更何况，仓促之中建立的新闻媒介体制未必对新闻事业的各项工作有利；第二，我国着力推进的是新闻媒介体制的改革与完善，并不是对新闻媒介体制的革命，这也就决定了这项工作虽不是简单地修整调适，但也绝不是对原有体制及其核心观念的彻底颠覆。因此，我国所要构建的新型新闻媒介体制在某种程度上是对原有新闻媒介体制的一种延续，是对客观世界变化的一种适应，谈不上彻底的改变。

有学者指出："一体化结构组织方式要求政治统治权威由意识形态提供，为了维持统治是不能允许多元化思潮对正统意识形态冲击的。不过，意识形态称霸的时代是过去，现在面临的是一个意识形态被多元文化消解的时期。"（金观涛，刘青峰，2011：421）的确，这一点在中国特色新闻媒介体制的内部就表现得十分明显。新闻观念是新闻媒介体制的灵魂，处在核心层的它指引着整个新闻媒介体制的运行方向。目前，我国新闻观念的基本情况是新闻宣传主义观念依旧居于主导地位，新闻商业主义观念与新闻专业主义观念处于从属位置。正如有的学者所说："在一个价值观体系中，选择什么东西作为至高价值是需要无比谨慎的事情，因为当其他价值在与最高价值发生矛盾时，其他价值就必定被牺牲掉，因此，只有最高价值才具有决定性意义。如果最高价值选择不当就会使整个价值体系失去正当性，即使这一体系包含了所有好的价值也无济于事。"（赵汀阳，2009：138）因此，体制的改革，关键还是要改革思想，这不仅是改革的蓝图所在，更是改革的政治基础与现实运行基础，而对于新闻媒介体制来讲，改革的重点就是改革新闻观念。一旦新闻观念的改革顺畅，其他的问题也就会迎刃而解。目前的情境是，居于从属地位的新闻观念获得了更多、更好、更宽松且更有保障的生存空间，进一步形塑了整个新闻媒介体制的合法性与正当性。中国特色新闻媒介体制的核心层，即新闻观念领域，是一种多元新闻观念并存，主导新闻观念与从属新闻观念和谐共生、相互促进与竞争的局面，并且向衔接层与执行层层层传导。

　　新闻管理是新闻观念的制度化、形式化与符号化的表现，自然也会呈现出新闻观念领域中和谐共生、相互促进与竞争的局面。具体而言，主要表现为新闻管理制度体系中不同种类的制度规则之间的和谐共生、相互促进与竞争，简单地说，就是党的宣传纪律与政策同新闻法治管理、伦理道德之间的相互协调。不同种类的制度规则本没有原则上的冲突，在新闻媒介体制内主要还是应该考虑它们各自的适用性问题。首先，党性原则是我国新闻事业的指导性原则，新闻宣传主义观念在新闻观念体系中又居于主导地位，因此，党的宣传纪律与政策在整个新闻管理制度休系中也发挥着领导的作用。而且，鉴于党必须在宪法和法律所规定的范围内活动，因而，党纪是要严于国法的。党媒贯彻党的宣传纪律与政策是应有之义，这是由它的性质与核心功能定位所决定的，同时，对于都市类媒体与商业网络媒体及其工作者而言，在具体的新闻实践活动中也必须毫不犹豫地，不打折扣地遵照与服从党的宣传纪律与政策。无论是哪类新闻媒介组织及其工作者，违背党的宣传纪律与政策，都必然会受到党纪的惩罚，这是党的宣传纪律与政策的强约束性、权威性与威慑性的表现。另外，党的宣传纪律与政策还具有很强的灵活机动性，它会根据具体的社会情境，具体的新闻传播行为迅速做出形式多样的且具有针对性的调整，不过，也正是因为这一点，反映出党的宣传纪律与政策缺乏一定的评价标准，不仅常常令新闻媒介组织及其工作者无法条分缕析地对照执行，而且还会让他们因为跟不上变化而在新闻实践中处于被动的位置。正如有学者所说："这种'为了管死，而不是为了管活'的'守土有责'式的管理让报纸尤其是那些以机关报为代表的'存量'报纸失去了宽松的成长环境，使报社记者在新闻报道时畏首畏尾，难以在报道水平的提高上集中精力，整个报业单位陷入一种僵化和呆板的状态。"（张殿元，2007：149）西方发达国家实行的是"积极开放，有效管理"的策略，而我们国家则是"积极管理，有效改革"（张殿元，2007：151）。相比较而言，法治管理拥有稳定的、明确的、权威的与客观的标准，它并不像宣传纪律与政策一般那么富有灵活机动性，也不会因社会情境的变化、政治权力的更迭以及领导人的好恶而轻易发生改变，它是在普遍意义上维护社会公平正义，保障社会基本秩序，调节人与人之间相互关系的一套管理体系。在法治思维下，新闻媒介组织及其工作者也能够找准自身角色与功能的定位，明确自身的权利与义务，即看他们是否按照社会发展的一般要求与新闻工作的基本职业要求来从事新闻传播活动，是否代表了全体民众的核心利益。最后，包括新闻伦理道德自律体系以及其他社会化的管理方式在内，它们也都是在尊重新闻传播活动的基本特征与客观规律的基础上所总结提炼出来的，所以它们也是新闻管理方式的重要组成部分。需要着重澄清的是，笔者在这里并不是想要就党的宣传纪律与政策同新闻法治管理这两者的孰优孰劣进行评价。根据中国现实，我们必须坚持党对新闻事业的绝对领导，坚持马克思主义新闻观的绝对领导地位。只不过，对于新闻媒介组织及其工作者，尤其是都市类媒体与商业网络媒体及其工作者，可尝试让他们放开手脚，主动作为，这有助于缓解新闻媒介体制内部的张力，也是对他们高度信任的一种表现。

无论是新闻观念领域还是新闻管理制度的竞争，最终都表现在人上面，表现在新闻媒介组织及其工作者这一运行主体上，归根结底，中国特色新闻媒介体制本身也是通过具体的主体实际创造出来的。也正是因为他们对于新闻的不同认识，对于新闻观念的不同理解，对于新闻管理制度的不同追求，对于新闻事业的不同憧憬，才塑造了中国特色新闻媒介体制。如前文所述，我国新闻媒介组织及其工作者的角色演变趋势是党和政府的宣传者与人民利益的维护者在长期共存和良性竞争的基础上的深度融合。首先，笔者认为，之所以出现这两类主体，新闻教育与具体实践在其中发挥了至关重要的作用。新闻教育的经历影响着新闻从业者认知与树立何种新闻观念，具体实践的经历也会影响着新闻从业者接下来的新闻行为选择。有学者就曾对上海和杭州的新闻从业者进行问卷调查，结果显示职业新闻工作者受教育程度较高，在党的喉舌媒体工作时间较短且不大承担领导责任，接触境外媒体也较为频繁（潘忠党，陈韬文，2004）。实际上，作为党和政府的宣传者，他们要绝对服从与忠于党对新闻事业的领导，自觉维护党的各项主张和核心政治意识形态，严格遵守党的宣传纪律与政策要求，坚持党性原则和政治家办报方向，坚持为社会主义服务和为人民服务的工作方针，坚持以正面宣传为主的报道原则，弘扬社会主旋律，注重舆论导向，应该讲，他们是党的事业的重要组成部分，与党保持着命运共同体、利益共同体的关系。而作为人民利益的维护者，他们会严格按照新闻传播活动的客观规律，新闻传播的法律法规以及新闻传播的伦理道德规范的要求，独立、自主、自由地报道事实与揭示真相。"毕竟，新闻工作者不会佯装对言论出版自由这样的价值观念漠不关心，因为这些正是他们职业的前提。"（哈克特，赵月枝，1997/2010：169）他们要通过创造更多的社会公共产品，发挥社会公共服务职能，履行社会公共责任来监测环境，守望社会，保障广大人民群众的知情权、表达权、监督权与参与权。诚如有学者说："媒体必须有意愿奉献其空间、时间与资源，以便将大量议题告知民众，并提供各种问题的观点，此外，媒体也必须找出新颖且吸引人的方式来传递上述资讯。"（克罗托，霍因斯，2006/2013：43）因此，他们的最终行为目的是要维护社会公共利益，捍卫专业尊严。

从理论上来看，党和政府的宣传者与人民利益的维护者这两种角色在根本上是一致的，统一的，因为党性与人民性从来都是一致的，统一的。就如习近平总书记所要求的：坚持正确政治方向；坚持正确舆论导向；坚持正确新闻志向；坚持正确工作取向，做党和人民信赖的新闻工作者（习近平，2016）。这"四个坚持"在根本上是具有一致性的。其实就是要求党和政府的宣传者的角色与人民利益的维护者的角色都能够多从对方的角度来思考问题，开展实践，求得彼此之间的"最大公约数"。

通过对各组成要素的逐层分析，我们可以清晰地发现，中国特色新闻媒介体制的内部在总体上是和谐共生的。当然，笔者需要重申的是，一元逻辑并不意味着作为构成要素的新闻观念、新闻管理制度、新闻媒介组织及其工作者的类型就是绝对单一的，实际上，它们可以是多元化的，而且，最好是多元化的，毕竟，这也能充分传递整个社会的声音与代表最广泛的利益。有学者就讲道："大规模的制度变迁涉及多重过程和各种制度要素间的安排组合。"（周雪光，艾云，2010）因此，问题的关键是这些多元化的要素能否在基于公共理性的论辩的基础上相互妥协，达成共识，这其实才是一元逻辑的本质内涵，也只有这样的一元逻辑才能最大限度地保持整个新闻媒介体制的稳定性、开放性、可持续性与包容性。

在我国新闻媒介体制的变迁过程中，经济力量或者说是市场力量发挥了巨大的作用，这不光光是因为它激发了媒体的活力，增强了媒体的实力，还因为它在一定程度上牵制了政治力量，同政治力量展开"拔河"式的竞争（He，2000：112-151），倒逼其做出改变。但是，经济力量终究只是我国新闻媒介体制变迁过程中的驱动力。首先，经济力量有其自身无法克服的局限性，即它始终会把私人的或者是一部分人的利益放在首位，随之而来的就是软新闻与娱乐新闻的泛滥，公共服务内容的减少，企业内部的新闻检查与自我宣传等问题；其次，经济力量的崛起并不必然带来政治力量的妥协，就如有学者所说：
"新闻业的市场化生存其实类似于'笼中鸟'。"（周翼虎，2009）因
此，这只能说明经济力量是一股重要的力量，但它不具有决定意义，
更不是我国新闻媒介体制转型变迁的最终目的，所以我们必须跳出传
统的"政治—经济"二元思维。其实，由前述分析可以看出，中国特
色新闻媒介体制蕴含着新闻专业主义的话语力量同政治力量之间的不
断勾连与融合。虽然，新闻专业主义的话语力量目前在我国既受到政
治力量的规制，又遭到经济力量的束缚，但是，这股力量已经积累了
一定的现实基础，也正在逐渐走向成熟。不过，中国有中国的实际，
中国有中国的制度特色，中国也有特殊的历史发展情境，最终一点，
解决中国的问题，包括新闻媒介体制的过渡转型问题在内，不可能完
全寄望于一种力量，更不能照抄照搬西方。中国特色新闻媒介体制需
要政治力量与新闻专业主义的话语力量的理性沟通与互动协商并致力
于实现双方的认可，进而创造出在和谐共存基础之上的深度融合的局
面，不过，在这一过程中，还是政治力量决定着最终的走势。

5.3.2 多种外部因素影响下的中国特色新闻媒介体制

新闻媒介体制具有依附性，所以，它并不是一个完全孤立的存在，
会受到所处社会环境的影响与制约。因此，"没有人为的机构能够想
当然地被再生产，任何机制都有存在的条件，这些条件如果被抛弃，
就必然导致这些机制的灭亡或转化为别的什么"。（哈克特，赵月枝，
1997/2010：169）同样，我国新闻媒介体制的过渡转型也离不开多种
外部因素的塑造。

　　当今社会的主要特征之一就是媒介化①，或者说，我们已经进入了一个高度媒介化的社会之中，甚至我们每一个个体也已经被高度媒介化。媒介化社会最直观的表现就是，大众对于媒介的需求、信息的需求已然成为一种基础性的需求，一种迫切性的需求，人们的日常生产、生活方式会随之改变，并产生媒介依赖与信息依赖，甚至会出现"时空紧张感"，尤其是以智能手机为代表的移动互联终端，俨然成为人们"身体的一部分"。同时，媒介化社会赋予了普罗大众信息传收的民主权利并重构了人与人之间的关系。一方面，大众获取信息的广度、速度、深度以及成本都同以往相比有了质的变化，他们的知情权得到了更好的保障，而且，他们可以依靠媒介平台发布新闻与表达观点，参与有关公共议题的讨论，充分行使自身的表达权；另一方面，零散的、碎片化的大众个体可以通过新媒体平台完成联系互动，实现规模化聚合并开展现实与虚拟相结合的集体行动。而在社会环境的重构与社会关系的重构的背后，发挥着核心推动作用的是以移动互联网为代表的信息传播技术。

　　有学者说："技术不只是人类创造的某种合用的工具，更是某种向着人类降临的东西，是人类无可逃避的历史性遭遇，是某种人类本身并不能真正左右的力量。技术对生活世界的支配，并不像表面看起来那样，是人类的一种自主选择，相反，倒是人类一种无法逃避的命运。"（吴国盛，2006：85）新闻媒介体制的核心意涵就需要通过新闻媒介组织及其工作者的实际行为来展现，它终究还是对人的新闻实践

---

① 也有学者称为"共有媒体"系统，即各种基于数字技术，集制作者、销售者、消费者于一体，消解了传统的信息中介的媒体系统。参阅胡泳（2008）.《众声喧哗：网络时代的个人表达与公共讨论》. 桂林：广西师范大学出版社 . 85.

活动的一种秩序安排与规范制约，也在一定程度上反映了人的各种利益需求。因此，新闻媒介体制不可避免地会受到技术力量的冲击。不过，技术力量并不是直接作用于新闻媒介体制的，它需要通过技术赋权，给予人中介的地位，并通过他们来施加具体的影响。在这里，人既包括专业的新闻工作者，也包括普通民众。

首先，从职业的新闻工作者的角度来讲，新技术的出现带给了他们前所未有的巨大冲击。这是因为，技术的平权使得普通民众同样可以及时地、真实地、有效地进行新闻报道，甚至可以进行全时性的现场直播，此外，社交平台所具有的互动性也是原有新闻生产模式所不可比拟的。在人人都可以参与新闻传播活动的时代，职业新闻工作者对于新闻资源的绝对把控力已不复存在。不过，困难与机遇是并存的，新传播技术所创造的新的传媒生态环境倒逼职业新闻工作者要转型升级，也就是要避免和普通民众进行同质化的竞争。实际上，竞争的过程就是一个扬长避短的过程，职业的新闻工作者要发挥其"专业"上的优势，深挖新闻资源，重视深度报道，开展社会调查，平息网络谣言与网络暴力，通过创造出更多的社会公共产品来发挥其社会公共服务的职能，更好地维护社会公共利益。这不仅是一个错位竞争的过程，更是赢得公众信赖与捍卫新闻事业的本质价值的过程。在媒介化社会的条件下，职业新闻工作者维持以往的工作思路不变就意味着"逆水行舟"，会影响其今后的生存与发展。可以说，就中国特色新闻媒介体制而言，新传播技术不仅为所有的新闻媒介组织及其工作者营造了新的工作环境，而且还为他们壮大自身的实力提供了机遇。

技术因素除了影响新闻媒介组织及其工作者以外，它还是普通民众实现自我解放的重要力量之一。实际上，在媒介化社会来临之前，普通民众相对于新闻媒介体制而言是一种完全被动的存在，他们只能去适应新闻媒介体制所做出的秩序安排，具体来讲，就是被动接受新闻媒介组织及其工作者在主导新闻观念的指引下，在相应的新闻管理制度的约束下所制作出来的新闻产品，即便他们想对此发表看法，表达意见，传输的管道也是自下而上的，单一的，传递的效率更是很低下的，可以说，过往的新闻媒介体制从宏观设计到具体实施，基本没有考虑过把普通民众的想法、体验与评价接纳进来。而在媒介化社会的情境下，普通民众的身份已转化为用户，即突出他们的主动性、互动性、参与性，打破过往的线性传收关系，确立他们在新闻传播活动过程中的主体地位、平等地位，注重他们作为新的权利主体对于整个新闻媒介体制的能动作用。通过对新技术的掌握，普通民众拥有了前所未有的知情权利、表达权利、监督权利与参与权利，他们可以像职业的新闻工作者一样，报道事实，揭示真相，守望社会，服务公众。这既可以宣示自身的利益诉求，又可以为维护公共利益而呐喊，还在一定程度上促进了社会表达的多元性与全面性。为此，新闻媒介组织及其工作者已不能再垄断新闻资源，控制新闻话语权，传统的组织化的新闻生产模式不得不升级转型，整个新闻场域的结构从垂直化、中心化转变为扁平化、去中心化，我们也可以认为，每一位普通民众都成了新的新闻传播中心，一种"微中心"。

公民新闻作为普通民众在媒介化社会环境下参与社会活动的重要表现形式之一，承担的职能不仅仅是报道新闻事件，监测社会环境的变化，而且还要传递普通民众的声音，维护他们自身的合法利益与公共利益。这也是新技术的利益指向。正如有学者所指出的那样，"公民新闻不仅对于专业媒体的报道活动产生了直接影响，而且在整体上改变了新闻传播的某些观念与方式，也在一定程度上影响着传媒格局中的力量对比关系"。（彭兰，2012）表面上看，新闻媒介组织及其工作者再也不能按照惯有的思路从事新闻生产，再也不能以俯视的角度看待普通民众，换句话说，他们再也不能自视比普通民众"高明"，相反，正是因为公民新闻提升了普通民众的媒介话语权，新闻媒介组织及其工作者的新闻实践活动在形式上还需要符合新的传媒环境的特点，在内容上更要往维护公共利益，彰显公平正义的方向倾斜。从更深层次的角度来看，公民新闻传递的是普通民众的新闻理念，文明多样性与包容性的理念，个人的基本权利观以及整个社会的公共价值观，本质上，它是对代表私人的、一部分人的以及某些团体组织利益的新闻商业主义观念的解构与对抗。有学者谈道，普通社会大众"对建制性新闻传媒宣传的观念、报道的事实、维护的利益，进行自己独立的评点，并与之展开具有实质意义的对话与交流，甚至是辩驳与争论，共同塑造建构一定社会的新闻图景和言论空间，这在传统媒介时代几乎是不可想象的"。（杨保军，2014：466）应该讲，公民新闻是普通民众话语平权的载体，更是他们参与创建新闻媒介体制的秩序安排，变革原有新闻媒介体制的武器。"权力始终处在循环过程中的一种链状结构，像网络一样四面八方延伸开去，从来就不固定在一处或者是某个人手中。权力可以来自任何方向，可以自上而下，同样也可以自下而上，或者是前后左右。所以权力经常表现为冲突、斗争、对抗和战争。"（陆扬，王毅，2006：291）媒介化社会，其实也可以被认为是一个权力让渡的社会，普通民众通过发布公民新闻真正参与到社会公共事务的管理之中。而公民新闻本身也带有强烈的社会公共责任感，它会凭借"自组织"的效能，根据客观实际与一定的主观判断径直怀疑、不满、反对、对抗建制性传媒的新闻生产，同时，借由其广泛的社会渗透性，凝聚起强大的对于现有新闻媒介体制以及对公权力的监督力量。当然，不能说这种权力的表达就都是合乎理性的，完全没有牵涉个体利益，毫无功利化色彩，但任何事物都具备两面性，不能因此就彻底否定普通民众以及公民新闻对于新闻媒介体制和传统组织化的新闻生产进行合理批判的现实意义。

回顾我国，近些年，媒介化社会整体发展迅速，网民总量十分庞大且增速明显，公民新闻的专业化水平有了显著提高，表现样态越加丰富，网络舆论的声音因此更加响亮，公众参与社会管理的积极性也不断被激发。他们拥有了媒介人这一新的身份，并依赖新技术来尝试重构生存、生产、生活方式，尝试重构人与人、人与社会之间的互动关系，尝试打造一个更加自由、民主、开放、多元、合作的网络社会，并竭力将此与现实社会融合、贯通，当然这其中也不免遇到矛盾和冲突。摆在我们国家面前的一个现实问题就是普通民众的整体公民素养，尤其是媒介素养还不太高，公民文化尚未形成，公共领域还未完全建立，从严格意义上来说，公民社会的发展还处于雏形阶段。因此，普通民众在媒介化社会中对于自身利益的维护，公共利益的争取还是一种松散的、碎片化的、不成体系的行为方式，换句话说，公民力量还远远没有形成强大的合力。正因如此，普通民众对于中国特色新闻媒介体制的影响，虽说影响力越来越大，但主要还是针对执行层的运行主体和衔接层的新闻管理制度，总体来看，力度和强度还有所欠缺。

普通民众对中国特色新闻媒介体制的影响本质上还是表达了希望新闻媒介组织及其工作者能够更好地代表他们的利益，代表社会整体的利益这一诉求。有学者提出，"从新闻改革的话语看，服务好用户是官方和从业者都认可的理念，这也成为新闻业最大的讲政治和最务实的讲市场"。（王斌，王雅贤，2016）因而，中国特色新闻媒介体制必须重视普通民众的合理合法合德的利益诉求，做出一系列有针对性的变革，让他们能够真切感受到新闻实践活动的温度与深度以及新闻媒介体制的包容与宽容。诚如有学者所说，"互联网不只是在传统媒体之外的信息传播和动员的又一个出口，当其他出口被阻塞或被缩紧时，互联网以其有效性和灵活性，成为促使政治更加具有公共性、更加民主的工具"。（胡泳，2008：330）实际上，任何一个新闻媒介体制都是历史性的存在，它们终究都要经历一个新陈代谢的过程，只不过这个过程的形式、方式会因社会情境的不同而千姿百态。总的来说，人类社会进步与发展的车轮是不会停止的，新闻媒介体制不断完善的脚步也不会停歇。

还有一点需要说明的是，公民新闻也存在非理性表达，真实性不可靠，新闻自由滥用等问题，甚至出现了"新闻民粹主义"的现象，不过，技术是中立的，关键是要看运用技术的人。正像有的学者所说的那样，"新媒体赋予的力量并不意味着新闻事业可以在世间我行我素，毫无顾忌"。（沃瑟曼，2008/2010：22）因而，这不应当成为阻止普通民众同新闻媒介体制进行互动，妨碍普通民众影响新闻媒介体制的理由。相反，我们更加需要充满活力，开放透明，兼容并包的新闻媒介体制，让各种意见、观点、思想得以充分的表达，让新闻媒介组织及其工作者以更加职业的观念与方法来进行新闻报道、舆论引导，从而捍卫社会公共利益，维护社会大局和谐稳定。

除了技术因素与民众因素之外，来自其他国家或地区的新闻媒介体制也会对中国特色新闻媒介体制施加影响。媒介化社会不仅是媒介人的社会，也是全球化的社会，相应地会出现普通民众的全球化，公民社会的全球化，新闻媒介组织及其工作者的全球化，新闻管理制度的全球化，新闻观念的全球化以及新闻媒介体制的全球化。因此，任何一个国家或地区的新闻媒介体制都免不了同世界其他地方的新闻媒介体制发生关系，产生互动，这当中既会有交流合作，也会有冲突竞争。总体上，其他国家或地区的新闻媒介体制对某一国家或地区的新闻媒介体制施加影响主要会通过以下两条途径。第一，来自一些国家或地区的主动推介。在这一点上，比较典型的当数美国。美国习惯性地认为自己拥有世界上最优良的社会体制，其中也包括新闻媒介体制，因而，他会极力地向外推广，希望全世界都能够效仿。而且，它还会把与其差异明显的新闻媒介体制视为"异类"，并尝试通过各种手段来加以改变，甚至是推翻。本质上，这是文化帝国主义的一种现实表现。第二，基于一些国家或地区的示范效应。世界上既不会存在完美无瑕的新闻媒介体制，也不会存在毫无优点的新闻媒介体制，评价一个新闻媒介体制的好坏与否关键是要看它是否同所处的社会情境相契合，是否维护了社会公共利益。因此，必定会存在一些国家或地区的新闻媒介体制在上述方面有一些值得推广、分享与借鉴的好经验、好做法，当然，这也必定会吸引包括我国在内的其他国家或地区的新闻媒介组织及其工作者以及普通民众的关注，乃至改良吸收。应该说，上述两条路径有一个共同点，那就是其他国家或地区的新闻媒介体制对另一国家或地区的新闻媒介体制所施加的外部影响，还是要通过影响新闻媒介组织及其工作者，通过影响普通民众来传递，来实现，其实，新闻媒介体制的任何变化终究还是要依靠人，依靠主体来推动，来完成。

　　通过对技术、普通民众、其他国家或地区的新闻媒介体制的影响这三个因素的分析，可以看出，外部因素对中国特色新闻媒介体制的影响力是越来越大的，也是不可小觑的。事实上，上述三个因素并不是完全独立的，也不是单独影响我国的，普通民众要借助技术才能参与到新闻媒介体制的实际安排之中，而其他国家或地区的具体实践则是其发挥作用的重要素材来源，至于技术和其他国家或地区的具体实践，还是需要普通民众的承载方可实现其效能。虽然目前外部因素还不具备彻底变革中国特色新闻媒介体制的实力，但是它们拥有继续成长壮大的空间，也拥有与内部要素"通力合作"的空间，因而，面对外部影响因素，中国特色新闻媒介体制需要做的不是回避，而是应该主动"拥抱"，要把它们，看作转型升级、创新完善的机遇与动力。基于这样的理解，我们自然也就能够以平和、理性的态度来看待内生性因素和外生性因素的客观存在了。

第6章 中国特色新闻媒介体制的
未来发展走向

诚如有学者所讲，"中国当代媒介场的形成过程，也是媒介场自身不断调整与权力场及其他场域关系的过程"。（刘海龙，2008：411）自然，新闻媒介体制的未来发展走向要取决于多种关系、多种规律、多种力量与多种规范在互动中所形成的共同制约的结果，很明显，这带有一定的多样性与复杂性。另外，在媒介化社会的情境下，得到技术赋权的普通民众在新闻媒介体制内扮演着主体的角色，他们的观念选择与行为选择也会在一定程度上决定新闻媒介体制的未来发展走向，同时，在世界全球化的时代，不同国家或地区的新闻媒介体制之间的相互对话与交流，竞争与对抗亦会对新闻媒介体制的未来发展走向产生某种影响。相比较而言，这带有一定的偶然性与不确定性。

应该讲，无论是往哪个方向发展，都离不开对新闻媒介体制的一般内涵与规律的正确认识，都离不开对中国特色新闻媒介体制的基本构成要素、各要素之间的相互关系、基本特征的理解和把握，都离不开中国语境、中国现实、中国实际与中国特色这一最根本的依据。概括起来，就是要做到一般与特殊相结合，传统与现代相结合，中国根基与世界眼光相结合。

笔者认为，根据中国特色新闻媒介体制的实际发展情况，它未来的发展走向是要建构以宣传为主导，专业性更强的新闻媒介体制，即图6-1中的"融合"新闻媒介体制。

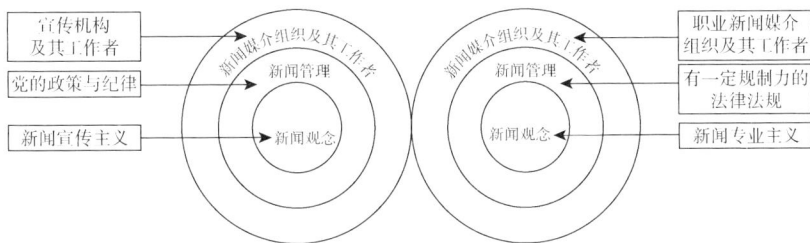

图 6-1 "融合"新闻媒介体制

本质上，"融合"本身强调的只是逐步探索专业性更强一些的新闻媒介体制，即它是要尊重新闻传播规律，多引入专业逻辑，对我国新闻媒介体制的整体予以补充，而不是说要把我国当前的以宣传为主导，有一定专业色彩的具有中国特色的新闻媒介体制彻底拆分。

不过，多引入职业逻辑势必带来新的问题，那就是，宣传逻辑与专业逻辑这两套完全不同的观念体系、价值体系、话语体系、规则体系在相互融合中必定会存在一些矛盾与冲突，那么，如何在新闻媒介体制的运行过程中面对这些矛盾与冲突？如何来解决这些问题？依据的标准又是什么？其实，这也就是"融合"新闻媒介体制存在的根本理由。

实事求是地讲，"融合"新闻媒介体制在理论上能够成立并且可以付诸实践的关键，取决于党领导的一体化的宣传体制的包容度。而事实上，一体化的宣传体制有足够的空间来包容专业逻辑，原因就在于党性与人民性从来都是统一的、一致的。坚持党性就是坚持人民性，坚持人民性就是坚持党性。只有站稳党的立场，才能更好地反映人民群众的心声和愿望，为人民群众服务，而坚持以人民为中心的工作导向，实现好、维护好、发展好最广大人民群众的根本利益也是党所有工作的出发点和落脚点。因此，构建"融合"新闻媒介体制，既是我国新闻媒介体制改革的一条新路径，也是我国新闻事业实现高质量发展的一个新机遇。习近平总书记强调，"要牢牢坚持党性原则，牢牢坚持马克思主义新闻观，牢牢坚持正确舆论导向，牢牢坚持正面宣传为主；做好党的新闻舆论工作，要遵循新闻传播规律，创新方法手段，不断提高能力和水平；不同的人有不同信息需求和接受特点，一套话语满足不了所有人，一个腔调难以唱遍天下"。（习近平，2016）这表明坚持党性原则与遵循新闻传播规律是统一的，宣传逻辑与专业逻辑是能够相互融合的，它们都是马克思主义新闻观的题中之义。"融合"新闻媒介体制则正是这一内涵的具体呈现，它突破了一体化的宣传体制的困境，致力于实现新闻媒介体制稳定与活力的兼得。正如"非多中心治理，要稳定必须牺牲活力，要活力必须牺牲稳定，所谓'一稳就死，一活就乱'是也"。（吴稼祥，2013：338）

　　虽然宣传逻辑与专业逻辑是统一的，但是，在历史发展的进程中，也曾出现过它们彼此之间爆发冲突的情况。我们也可以将其理解为新闻媒介组织及其工作者同政治权力之间的关系不协调。毕竟，这两种逻辑之间还是有一定区别的。"融合"新闻媒介体制最终要实现的是宣传逻辑与专业逻辑的相互融合，但是，这并不意味着它们各自都是静态的存在，相反，它们始终处于围绕相关社会议题进行动态协商的过程之中。那么也就可以想象，在这一过程中，这两种逻辑之间还是难免会再次出现不一致的情形。所以说，当遇到矛盾时，如何解决就显得至关重要了。其实，"融合"新闻媒介体制本身蕴含的最大共识就是一切依靠人民，一切为了人民，以人民为中心的工作思想。在这一前提下出现的冲突与对抗，本质上是对新闻舆论工作的表现形式、方法手段与形成机制的差异化表达，仍然可以通过进一步深入的对话协商来加以解决。当然，另外一种冲突与对抗就是超越了已经达成的共识，挑战了现有体制的前提假设，是根本理念上的不同。在这种情况下，我们就不得不做出最终的价值取舍，因为最终的价值评价标准也只能有一个。我国是中国共产党领导的社会主义国家，坚持党对新闻舆论工作的绝对领导是宣传思想战线的根本原则，这既是一体化的宣传体制所能包容的原则底线，也是中国特色新闻媒介体制未来发展变革所不能逾越的原则底线。因此，也就不可能容许"融合"新闻媒介体制逾越这一原则框架。换句话说，"融合"新闻媒介体制的核心还是以宣传为主导的基本原则，增强专业化色彩，促进中国特色新闻媒介体制的全面发展必须始终不能脱离这个核心，否则，它就失去了存在的合理基础。20 世纪 50 年代与 80 年代末期所做出的尝试已经证明了这种逾越是不可行的。况且，我国社会发展在整体上较为平稳，总的趋势还是不断进步的，那在此背景下，新闻媒介体制想单独实现"边际突破"也是不现实的。

总的来看，以宣传为主导，专业性更强的"融合"新闻媒介体制的形成，根本上还是因为一体化的宣传媒介体制给专业逻辑释放了足够大的生存空间，同时，它也需要专业逻辑在不违背四项基本原则等大是大非问题的前提下予以适当的弥补和支持。本质上，这一新闻媒介体制实现了宣传逻辑与专业逻辑，政治意识形态属性与社会公共属性，绝对规制与有限规制，集体共识与个人利益的共存，意在突出在相互平衡中尊重多元价值，表达多种声音，维护多元利益。需要指出的是，"融合"新闻媒介体制的形成也离不开技术、普通民众、其他国家或地区的新闻媒介体制的影响等外部因素所发挥的作用。

需要强调的是，本研究对"融合"新闻媒介体制只是一种粗线条式的描述，显然，它的建构过程是具体的，复杂的，漫长的且充满困难与挑战的，至于它的运行效果也只能有待于将来实践的检验。

参考文献

一、中文著作

［1］北京新闻学会（编）（1981）.《各国新闻出版法选辑》. 北京：人民日报出版社.

［2］陈力丹（1988）.《马克思恩格斯论出版自由》. 载中国新闻学会（编），《新闻自由论集》. 上海：文汇出版社.

［3］陈力丹（1999）.《舆论学：舆论导向研究》. 北京：中国广播电视出版社.

［4］陈力丹，王辰瑶（2014）.《外国新闻传播史纲要》. 北京：中国人民大学出版社.

［5］蔡元培（1919）.《〈新闻学〉序言》. 载徐宝璜（著），《新闻学》. 北京：中国人民大学出版社.

［6］丁和根（2007）.《中国传媒制度绩效研究》. 广州：南方日报出版社.

［7］冯建三（2012）.《传媒公共性与市场》. 高雄：巨流图书公司.

［8］复旦大学新闻系新闻史教研室（1987）（编）.《中国新闻史

文集》. 上海：上海人民出版社.

[9] 胡泳（2008）.《众声喧哗：网络时代的个人表达与公共讨论》. 桂林：广西师范大学出版社.

[10] 黄旦（2005）.《传者图像：新闻专业主义的建构与消解》. 上海：复旦大学出版社.

[11] 姜华（2014）.《新闻文化的现代诠释》. 上海：复旦大学出版社.

[12] 金炳华（主编）（2001）.《新闻工作者必读》. 上海：文汇出版社.

[13] 金观涛，刘青峰（2009）.《观念史研究：中国现代重要政治术语的形成》. 北京：法律出版社.

[14] 金观涛，刘青峰（2011a）.《兴盛与危机——论中国社会超稳定结构》. 北京：法律出版社.

[15] 金观涛，刘青峰（2011b）.《开放中的变迁：再论中国社会超稳定结构》. 北京：法律出版社.

[16] 郎劲松，邓文卿，侯月娟（2010）.《社会变迁与传媒体制重构——亚洲部分国家和地区传媒制度研究》. 北京：中国传媒大学出版社.

[17] 李良荣（2006）.《新闻学概论》. 上海：复旦大学出版社.

[18] 刘海龙（2008）.《大众传播理论：范式与流派》. 北京：中国人民大学出版社.

[19] 刘海龙（2013）.《宣传：观念、话语及其正当化》. 北京：中国大百科全书出版社.

[20] 刘建明（2003）.《当代新闻学原理》. 北京：清华大学出版社.

[21] 陆扬，王毅（2006）.《文化研究导论》. 上海：复旦大学出

版社.

［22］罗以澄，吕尚彬（2010）.《中国社会转型下的传媒环境与传媒发展》. 武汉：武汉大学出版社.

［23］孙旭培（2004）.《当代中国新闻改革》. 北京：人民出版社.

［24］孙旭培（2013）.《新闻自由在中国》. 香港：大世界出版公司.

［25］童兵（2002）.《比较新闻传播学》. 北京：中国人民大学出版社.

［26］王军，郎劲松，邓文卿（2008）.《传媒政策与法规》. 北京：中国广播电视出版社.

［27］吴飞（2009）.《新闻专业主义研究》. 北京：中国人民大学出版社.

［28］吴国盛（2006）.《时间的观念》. 北京：北京大学出版社.

［29］吴稼祥（2013）.《公天下：多中心治理与双主体法权》. 桂林：广西师范大学出版社.

［30］吴廷俊（主编）（2011）.《中国新闻传播史（1978—2008）》. 上海：复旦大学出版社.

［31］习近平（2016）.《在网络安全和信息化工作座谈会上的讲话》. 北京：人民出版社.

［32］新华社新闻研究所（1990）.《新闻工作文献选编》. 北京：新华出版社.

［33］徐宝璜（2011）.《新闻学纲要》. 上海：上海世纪出版集团.

［34］杨保军（2006）.《新闻活动论》. 北京：中国人民大学出版社.

［35］杨保军（2007）.《新闻精神论》. 北京：中国人民大学出版社.

［36］杨保军（2010）.《新闻道德论》. 北京：中国人民大学出版社.

［37］杨保军（2014）.《新闻观念论》. 上海：复旦大学出版社.

[38] 杨保军（2016）.《新闻主体论》. 北京：人民日报出版社.

[39] 张殿元（2007）.《中国报业传媒体制创新》. 广州：南方日报出版社.

[40] 赵汀阳（2009）.《坏世界研究——作为第一哲学的政治哲学》. 北京：中国人民大学出版社.

[41] 郑邦俊（主编）（1989）.《宣传学概论》. 沈阳：辽宁大学出版社.

[42] 中国社会科学院新闻研究所（1980）（编）.《中国共产党新闻工作文件汇编（下卷）》. 北京：新华出版社.

[43] 中国社会科学院新闻研究所，北京新闻学会（编）（1981）.《各国新闻出版法选辑》. 北京：人民日报出版社.

二、中文译著

[1] 安东尼·吉登斯（2000）.《现代性的后果》（田禾译）. 南京：译林出版社（原著出版于1990年）.

[2] 安东尼·吉登斯（2000）.《第三条道路——社会民主主义的道路》（郑戈译）. 北京：北京大学出版社（原著出版于1999年）.

[3] 保罗·莱文森（2003）.《思想无羁——技术时代的认识论》（何道宽译）. 南京：南京大学出版社（原著出版于1986年）.

[4] 比尔·科瓦奇，汤姆·罗森斯蒂尔（2011）.《新闻的十大基本原则——新闻从业者须知和公众的期待》（刘海龙，连晓东译）. 北京：北京大学出版社（原著出版于2001年）.

[5] 丹尼尔·C. 哈林，保罗·曼奇尼（2012）.《比较媒介体制：媒介与政治的三种模式》（陈娟，展江译）. 北京：中国人民大学出版社（原著出版于2004年）.

［6］大卫·克罗托，威廉·霍因斯（2013）.《媒体事务：媒体企业与公共利益》（丘忠融，叶宗显译）. 新北：韦伯文化国际出版有限公司（原著出版于 2006 年）.

［7］道格拉斯·C. 诺思（1994）.《制度、制度变迁与经济绩效》（刘守英译）. 上海：上海三联书店（原著出版于 1990 年）.

［8］道格拉斯·C. 诺思（2003）.《制度变迁和经济增长》. 载盛洪（主编）.《现代制度经济学》. 北京：北京大学出版社.

［9］傅高义（2013）.《邓小平时代》（冯克利译）. 北京：生活·读书·新知三联书店.

［10］弗雷德里克·S. 西伯特，西奥多·彼得森，威尔伯·施拉姆（2008）.《传媒的四种理论》（戴鑫译）. 北京：中国人民大学出版社（原著出版于 1956 年）.

［11］弗里德里希·奥古斯特·哈耶克（1997）.《通往奴役之路》（王明毅，冯兴元等译）. 北京：中国社会科学出版社（原著出版于 1944 年）.

［12］赫尔曼·沃瑟曼（2010）.《批判的及非西方的新闻哲学》. 载阿诺德·S. 戴比尔，约翰·C. 梅里尔（主编）.《全球新闻事业：重大议题与传媒体制》（郭之恩译）. 北京：华夏出版社（原著出版于 2008 年）.

［13］柯林武德（1997）.《历史的观念》（何兆武，张文杰译）. 北京：商务印书馆（原著出版于 1946 年）.

［14］兰斯·班尼特.《新闻：幻象的政治》（杨晓红，王家全译）北京：中国人民大学出版社.

［15］利昂·纳尔逊·弗林特（2005）.《报纸的良知——新闻事业的原则和问题案例讲义》（萧严译）. 北京：中国人民大学出版社

（原著出版于 1925 年）.

[16] 列宁（1985）.《列宁全集》（第二版第 33 卷）（中央编译局译）. 北京：人民出版社 . 47（原著出版于 1974 年）.

[17] 列宁（1987）.《列宁全集》（第二版第 25 卷）（中央编译局译）. 北京：人民出版社 . 367（原著出版于 1970 年）.

[18] 卢梭（2012）.《社会契约论》（孙笑语译）. 南昌：江西人民出版社（原著出版于 1762 年）.

[19] 罗伯特·哈克特，赵月枝（2010）.《维西民主？西方政治与新闻客观性》（沈荟，周雨译）. 北京：清华大学出版社（原著出版于 1997 年）.

[20] 马杰伟（2011）.《反思媒体研究：以中国为例》. 载詹姆斯·卡伦，朴明珍（主编）.《去西方化媒介研究》（卢家银，崔明伍，杜俊伟，王雷译）. 北京：清华大学出版社（原著出版于 2000 年）.

[21] 马克思，恩格斯（1974）.《马克思恩格斯全集》（第 25卷）. 北京：人民出版社 .

[22] 迈克尔·埃默里，埃德温·埃默里，南希·L. 罗伯茨（2014）.《美国与新闻界》（展江译）. 北京：中国人民大学出版社（原著出版于 1997 年）.

[23] 迈克尔·舒德森（2009）.《发掘新闻——美国报业的社会史》（陈昌凤，常江译）. 北京：北京大学出版社（原著出版于 1981 年）.

[24] 迈克尔·舒德森（2010a）.《新闻社会学》（徐桂权译）. 北京：华夏出版社（原著出版于 2003 年）.

[25] 迈克尔·舒德森（2010b）.《为什么民主需要不可爱的新闻界》（贺文发译）. 北京：华夏出版社（原著出版于 2008 年）.

[26] 迈克尔·舒德森（2011）.《新闻的力量》（刘艺娉译）. 北

京：华夏出版社（原著出版于 1996 年）.

[27] 米切尔·斯蒂芬斯（2014）.《新闻的历史》（陈继静译）. 北京：北京大学出版社（原著出版于 2006 年）.

[28] 皮埃尔·布尔迪厄，华康德（2004）.《实践与反思——反思社会学导引》（李猛，李康译）. 北京：中央编译出版社（原著出版于 1992 年）.

[29] 斯拉沃热·齐泽克，泰奥德·阿多尔诺（2002）.《图绘意识形态》（方杰译）. 南京：南京大学出版社（原著出版于 1994 年）.

[30] 斯图亚特·艾伦（2008）.《新闻文化》（方洁，陈亦南，牟玉涵，吴娱译）. 北京：北京大学出版社（原著出版于 2004 年）.

[31] 托马斯·哈尼奇（2014）.《比较新闻学研究》. 载卡琳·沃尔-乔根森，托马斯·哈尼奇（主编）.《当代新闻学核心》（张小娅译）. 北京：清华大学出版社（原著出版于 2009 年）.

[32] 韦农·波格丹诺（编）（2011）.《布莱克维尔政治制度百科全书》（邓正来译）. 北京：中国政法大学出版社（原著出版于 1987 年）.

[33] 新闻自由委员会（2004）.《一个自由而负责的新闻界》（展江，王征，王涛译）. 北京：中国人民大学出版社（原著出版于 1947 年）.

[34] 尤尔根·哈贝马斯（2011）.《现代性的哲学话语》（曹卫东译）. 南京：译林出版社.

[35] 约翰·罗尔斯（1988）.《正义论》（何怀宏，何包钢，廖申白译）. 北京：中国社会科学出版社（原著出版于 1971 年）.

[36] 约翰·弥尔顿（1996）.《论出版自由》（吴之椿译）. 北京：商务印书馆（原著出版于 1644 年）.

［37］詹姆斯·卡伦（2006）.《媒体与权力》（史安斌，董关鹏译）. 北京：清华大学出版社（原著出版于2002年）.

［38］詹姆斯·库兰，米切尔·古尔维奇（主编）（2006）.《大众媒介与社会》（杨击译）. 北京：华夏出版社（原著出版于2000年）.

三、中文论文

［1］陈昌凤（2003）. 中国传媒集团发展的制度障碍分析——新闻体制：中国传媒集团的"瓶颈".《新闻与传播评论》，77-85.

［2］陈独秀（1915）. 敬告青年.《青年杂志》，1（1）.

［3］陈怀林（2000）. 试析中国媒体制度的渐进改革——以报业为案例.《新闻学研究》（台北），（62），109.

［4］陈力丹（2004）. 新启蒙与陆定一的《我们对于新闻学的基本观点》.《现代传播》，26（1），21.

［5］陈力丹（2016）. 党性和人民性的提出、争论和归结——习近平重新并提"党性"和"人民性"的思想溯源与现实意义.《安徽大学学报（哲学社会科学版）》，（6），71-88.

［6］陈立新，俞娜（2012）. 向"现实"本身去寻求"思想".《学习与探索》，（3），14.

［7］陈晓开（2011）.《政治转型下的媒体与政治：台湾与意大利的媒介制度比较分析》. 世新大学传播研究所博士论文. 台北.

［8］陈阳（2012）. 媒体地域、媒体级别、媒体导向与专业主义媒介表现——基于全国五城市媒体的内容分析报告.《国际新闻界》，34（7），45-51.

［9］程曼丽（1996）."松"与"紧"的变奏——现行俄罗斯新闻体制的演变及其特点.《国际新闻界》，18（4），13-15.

[10] 付海钲，涂凌波（2019）. 新时代我国舆论引导观的历史溯源与主要特征.《现代传播》，12，66.

[11] 郭镇之（1997）. 对"四种理论"的反思与批判.《国际新闻界》，19（1），38-43.

[12] 郭镇之（2014）. 公民参与时代的新闻专业主义与媒介伦理：中国的问题.《国际新闻界》，36（6），14.

[13] 黄旦（2008）.《从"不完全党报"到"完全党报"——延安〈解放日报〉改版再审视》. 载李金铨（主编），《文人论政：知识分子与报刊》. 桂林：广西师范大学出版社.

[14] 黄旦（2012）. 耳目喉舌：旧知识与新交往——基于戊戌变法前后报刊的考察.《学术月刊》，44（11），127-145.

[15] 黄玉波，张金海（2006）. 从"部分剥离"走向"整体转制"——当前中国传媒产业体制改革趋向初探.《新闻大学》，（3），107.

[16] 李彬（2015）. 新时期：社会变迁与新闻变革札记.《山西大学学报（哲学社会科学版）》，38（3），2-45.

[17] 李红涛（2012）. 全球媒介体制：从规范理论到比较研究.《中国传媒报告》，11（4），4.

[18] 李金铨（2008）（主编）.《文人论政：知识分子与报刊》（序言）. 桂林：广西师范大学出版社.4-5.

[19] 李景鹏（2010）. 论制度与机制.《天津社会科学》，（3），49.

[20] 李良荣（2006）. 从单元走向多元——中国传媒业的结构调整和结构转型.《新闻大学》，（2），9.

[21] 李良荣，方师师（2010）."双转"：中国传媒业的一次制度

性创新.《现代传播》，32（2），26.

［22］李艳红，陈鹏（2016）．"商业主义"统合与"专业主义"离场：数字化背景下中国新闻业转型的话语形构及其构成作用.《国际新闻界》，38（9），135-153.

［23］刘昌德（2007）．民主参与式的共管自律——新闻自律机制之回顾与再思考.《台湾民主季刊》（台北），4（1），132.

［24］刘海龙（2007）．西方宣传概念的变迁：从旧宣传到新宣传.《国际新闻界》，29（9），39.

［25］刘洁，金秋（2001）．论我国报业市场化进程中政府行为的双重属性.《新闻与传播研究》，8（2），24.

［26］刘小燕，秦汉（2015）．政府回应民意的理性选择.《新闻大学》，（1），121.

［27］陆晔，潘忠党（2002）．成名的想象——中国社会转型过程中新闻从业者的专业主义话语建构. 《新闻学研究》 （台北），（71），29.

［28］马艺，张培（2009）．多重价值的融合与冲突——新闻伦理道德失范原因的深层阐释.《新闻与传播研究》，16（2），101.

［29］潘祥辉（2008）．《中国媒介制度变迁的演化机制研究——一种历史制度主义的视角》．浙江大学博士学位论文．杭州.

［30］潘祥辉（2010）．中国媒介制度变迁与社会变迁的关联和互动.《长安大学学报（社会科学版）》，12（1），117.

［31］彭兰（2012）．从"大众门户"到"个人门户"——网络传播模式的关键变革.《国际新闻界》，34（10），10.

［32］戚鸣（2011）．网络暴力与道德"普世主义".《当代传播》，（5），12.

［33］钱广贵（2009）.《中国传媒体制改革研究：从两分开到三分开》. 武汉大学博士学位论文. 武汉.

［34］秦汉（2016）. 媒介体制：一个亟待梳理的研究领域——专访加利福尼亚大学圣地亚哥分校传播学院教授丹尼尔·哈林.《国际新闻界》. 38（2），73.

［35］秦汉，杨保军（2015）. 我国新闻媒介体制的基本特征与可能改进方式.《山西大学学报（哲学社会科学版）》，38（6），76.

［36］芮必峰（2010）. 描述乎？规范乎？——新闻专业主义之于我国新闻传播实践.《新闻与传播研究》，（1），56-62.

［37］芮必峰（2011）. 新闻专业主义：一种职业权力的意识形态——再论新闻专业主义之于我国新闻传播实践.《国际新闻界》，33（12），72-77.

［38］沈国麟（2012）. 去模式化：全球媒介制度比较.《新闻学研究》（台北），（112），271-276.

［39］苏敏，喻国明（2019）. 以人为本的成长逻辑：中国互联网发展的第一个 25 年.《辽宁大学学报（哲学社会科学版）》，（6），139.

［40］孙绵涛（2009）. 体制论.《南阳师范学院学报（社会科学版）》，8（2），1.

［41］童兵（2006）. 为传媒体制改革提供理论支持.《新闻界》，（5），6.

［42］王斌，王雅贤（2016）."政经博弈说"及其发展：中国新闻改革中国家-市场关系的理论考察.《国际新闻界》，38（9），165.

［43］王斌，翁宇君（2016）. 中国新闻改革中的"嵌入"与"脱嵌"关系.《山西大学学报（哲学社会科学版）》，39（6），36-42.

[44] 王明亮，秦汉（2015）．从记者到"新闻官"：国民党新闻管理者的职业抉择和职业悲剧——以董显光、曾虚白、马星野为中心的探讨．《国际新闻界》，37（10），127．

[45] 王维佳（2012）．什么是现代新闻业？——关于新闻业与新闻人社会角色的历史辨析．《新闻记者》，（12），12．

[46] 吴飞，田野（2015）．新闻专业主义 2.0：理念重构．《国际新闻界》，37（7），6-25．

[47] 吴高福，唐海江（2003）．路径意识与新闻体制改革的演进论．《湖南大学学报（社会科学版）》，17（1），102-103．

[48] 杨保军（2008a）．新闻的社会构成：民间新闻与职业新闻．《国际新闻界》，30（2），30．

[49] 杨保军（2008b）．简论"后新闻传播时代"的开启．《现代传播》，30（6），33-36．

[50] 杨保军（2011）．"新闻观念"论纲．《国际新闻界》，33（3），7．

[51] 杨保军（2013a）．极化与融合——民众新闻与专业新闻关系的观念论考察．《新闻记者》，（6），3-6．

[52] 杨保军（2013b）．"共"时代的开创——试论新闻传播主体"三元"类型结构形成的新闻学意义．《新闻记者》，（12），32-41．

[53] 杨保军，雒有谋（2013）．新闻学视野中的公共利益．《新闻记者》，（3），35．

[54] 杨保军（2015）．"脱媒主体"：结构新闻传播图景的新主体．《国际新闻界》，37（7），72-84．

[55] 杨保军（2017）．论"新闻观"．《国际新闻界》，39（3），91-113．

［56］杨光斌，高卫民（2011）. 历史唯物主义与历史制度主义：范式比较.《马克思主义与现实》，（2），143.

［57］喻国明，苏林森（2010）. 中国媒介规制的发展、问题与未来方向.《现代传播》，32（1），13.

［58］张涛甫（2017）. 传播格局转型与新宣传.《现代传播》，39（7），2.

［59］赵泉民，井世洁（2011）. 从"断裂"走向"互构"——转型社会中制度与人的协同构建论.《人文杂志》，（5），178.

［60］钟咏翔（2011）. 模仿移植、亦步亦趋：探析中国报业的制度同形.《东亚研究》，42（2）：152.

［61］周雪光，艾云（2010）. 多重逻辑下的制度变迁：一个分析框架.《中国社会科学》，（4），132.

［62］周翼虎（2009）. 抗争与入笼：中国新闻业的市场化悖论.《新闻学研究》（台北），（100），132.

四、中文报刊

［1］胡锦涛（2008年6月21日）. 在人民日报社考察工作时的讲话.《人民日报》，1.

［2］江泽民（1996年9月27日）. 江泽民总书记视察人民日报社.《人民日报》，1.

［3］习近平（2016年2月20日）. 坚持正确方向创新方法手段 提高新闻舆论传播力引导力.《人民日报》，1.

［4］习近平（2016年4月20日）. 在践行新发展理念上先行一步 让互联网更好造福国家和人民.《人民日报》，1.

［5］习近平（2016年11月8日）. 做党和人民信赖的新闻工作者.

《人民日报》，1.

[6] 习近平（2018 年 8 月 23 日）. 举旗帜聚民心育新人兴文化展形象 更好完成新形势下宣传思想工作使命任务.《人民日报》，1.

[7] 习近平（2018 年 12 月 30 日）. 在全国政协新年茶话会上的讲话.《人民日报》，1.

[8] 杨保军（2016 年 5 月 19 日）. 新时期中国新闻观念的演进.《中国社会科学报》，3.

五、英文著作

[1] Altschull, J. H.（1984）. *Agents of power：The role of the news media in human affairs.* New York：Longman Inc.

[2] Arthur, W. B.（1994）. *Increasing returns and path dependence in the economy.* Ann Arbor：The University of Michigan Press.

[3] Christians, C. G., Glasser, T. L., McQuail, D., Norden-streng, K. & White,

R. A.（2009）. *Normative theories of the media：Journalism in democratic societies.* Urbana：University of Illinois Press.

[4] Curry, J. L.（1990）. *Poland's journalists：Professionalism and politics.* New York：Cambridge University Press.

[5] Dicken – Garcia, H.（1989）. *Journalistic standards in nineteenth-century America.* Wisconsin：The University of Wisconsin Press.

[6] Hachten, W. A.（1981）. *The world news prism：Changing media, clashing ideologies.* Ames：Iowa State University Press.

[7] Hallin, D. C. & Mancini, P.（et al.）（2012）*Comparing media systems beyond the western world.* Cambridge：Cambridge University

Press.

[8] Jakubowicz, K. & Sükosd, M. (eds.) (2008). *Finding the right place on the map: Central and eastern European media change in a global perspective*. Bristol: Intellect.

[9] Nordenstreng, K. & Thussu, D. K. (2015). *Mapping BRICS media*. New York: Routledge.

[10] McQuail, D. (1983). *Mass communication theory*. London: SAGE.

[11] McQuail, D. (1987). *Mass communication theory: An introduction (2nd ed.)*. London: Sage.

[12] Merrill, J. C. & Lowenstein, R. L. (1979). *Media, messages, and men: New perspectives in communication (2nd Ed.)*. New York: Longman Inc.

[13] Muhlmann, G. (2010). *Journalism for democracy (Birrell J. Trans.)*. Malden, MA, USA: Polity (Original work published 2004).

[14] Natalia, R. (2016). *Losing Pravda: Journalism and the crisis of truth-seeking in Russia*. Cambridge: Cambridge University Press.

[15] Nerone, J. C. (et al.) (1995). *Last rights: Revisiting four theories of the press*. Urbana and Chicago: University of Illinois Press.

[16] North, D. (1990). *Institutions, institutional change, and economic performance*. London: Cambridge University Press.

[17] Pei, M. X. (1994). *From reform to revolution: The demise of communism in China & the Soviet Union*. London: Harvard University Press.

[18] Picard, R. (1985). *The press and the decline of democracy: The democratic socialist response in public policy*. Westport, CT: Greenwood.

［19］Voltmer, K. (2013) . *The media in transitional democracies.* Cambridge：Polity.

［20］Williams, R. (1962) . *Communications.* Harmondsworth, UK：Penguin.

六、外文论文

［1］Blum, R. (2005) . Bausteine zu einer theorie der median-systeme. *Medienwissenschaft Schweiz*, 16 (2), 5-11.

［2］Brennen, B. (1996) . Book reviews：Last rights：Revisiting four theories of the press. *American Journalism*, 13 (2), 245.

［3］Sparks, C. (2008) . Media systems in transition：Poland, Russia, China. *Chinese Journal of Communication*, 1 (1), 7-24.

［4］Goldstone, J. A. (1998) . Initial conditions, general laws, path dependence, and explanation in historical sociology. *American Journal of Sociology*, 104 (3), 843.

［5］Hanitzsch, T. (2007) . Deconstructing journalism culture：Towards a universal theory. *Communication Theory*, 17 (4), 369.

［6］Hanitzsch, T. (et al.) (2011) . Mapping journalism cultures across nations：A comparative study of 18 countries. *Journalism Studies*, 12 (3), 277.

［7］Hardy, J. (2012) . Comparing media systems. In F. Esser & T. Hanitzsch (eds.) . *The Handbook of Comparative Communication Research.* London：Routledge. 185-206.

［8］He, Z. (2000) . Chinese Communist Party press in a Tug-of-War：A political-economy analysis of the Shenzhen Special Zone Daily. In

Lee Chin-Chuan (ed.), *Power*, *Money and Media*. Evanston. IL: Northwestern University Press. 112-151.

[9] Mahoney, J. (2000). Path dependence in historical sociology. *Theory and Society*, 29 (4), 508-509.

[10] Merrill, J. C. (2002). The four theories of the press four and a half decades later: A retrospective. *Journalism Studies*, 3 (1), 133-134.

[11] Nerone, J. C. (2002). The four theories of the press four and a half decades later: A retrospective. *Journalism Studies*, 3 (1), 135.

[12] Pan, Z. & Chan, J. M. (2003). Shifting journalistic paradigms: How China's journalists assess "media exemplars". *Communication Research*, 30 (6), 649-682.

[13] Pan, Z., Chan, J. M. & Lo, V. (2008). Journalism research in greater China: Its communities, approaches, and themes. In M. Löffelholz, D. Weaver & A. Schwarz (eds.), *Global Journalism Research*: *Theories*, *Methods*, *Findings*, *Future*. Oxford: Blackwell Publishing Ltd. 203.

[14] Pan, Z. & Lu, Y. (2003). Localizing professionalism: Discursive practices in China's media reforms. In Lee Chin-Chuan (ed.), *Chinese Media*, *Global Contexts*. London: Routledge. 217.

[15] Shaw, I. S. (2009). Towards an African journalism model: A critical historical perspective. *International Communication Gazette*, 71 (6), 491-510.

[16] Stiglitz, J. (2002). Transparency in government. In The World Bank (ed.), *The right to tell*: *The role of mass media in economic development*. Washington, DC: The World Bank. 28.

致　谢

　　本书在我博士论文的基础上修改而成，因此，首先要特别感谢我的导师杨保军先生。承蒙先生眷顾，我在2013年得以投于先生门下学习。四年学习期间，先生是我学术道路上的引路人，他严谨的治学风格、独立的学术精神一直感染着我。应该说，这四年，我真正明白了什么是学习、什么是看书、什么是思想。我还要感谢我的师母成茹老师。成老师如母亲一般，经常关心我的学习与生活。在得知我住宿环境不佳、学习条件不好时，师母把她自己的办公室借给我，让我能安心完成博士论文。能得到她的关爱，是我的幸运。

　　我要感谢我的硕士生导师罗自文教授。罗老师对学术的细致认真让我受益匪浅。第一次收到老师对我论文的评阅意见时，我震惊了。在整篇论文中，到处都是各种颜色的修改标注。起初，我的信心受到了不小的打击，但是，经过多次这样的训练，我渐渐明白了应该如何做学问。罗老师在我备考博士时给我的殷切鼓励令我记忆深刻。有很多次，我因信心不足想要放弃，但罗老师毫不松懈地鼓励我，帮我减压，帮我复习专业知识，让我最终坚持下来。我还要感谢我的师母黄菊英老师。2013年元宵节，师母特地在家准备了一顿丰盛的午餐，鼓励我好好复习，不要放弃。这顿饭让我感受到了家的温暖，让我始终铭记于心。

我要感谢刘小燕教授。小燕老师为人善良，待人宽厚。她如同我的副导师，在我博士学习期间，一直不厌其烦地给予我各方面的指导与帮助。当我遇到困难时，小燕老师会像妈妈一样听我诉说，帮我出主意。这份关爱，我没齿难忘。

我要感谢高金萍教授、赵永华教授、王润泽教授、宋素红教授、赵云泽教授、钟新教授、栾轶玫教授、王亦高副教授，他们在我博士学习期间，给予我非常多的关心、指导与帮助。我要感谢合作导师丹尼尔·C.哈林教授，他在学术研究上给了我有力的支持。感谢台湾政治大学冯建三教授、臧国仁教授、彭家发教授、汪琪教授在我访学期间给予我的悉心指导。

我要感谢我的同门兄弟姐妹。涂凌波师兄、雏有谋师兄一直关心我的学术研究，同级范晨虹姐姐一直关心我的日常生活，杜辉姐姐、王阳师妹为我的博士论文答辩付出了许多辛劳，硕士师弟顾桥孜帮我处理了很多琐碎事务。当然，我还要感谢同班同学杨雅、姚晓鸥、赵战花、余玉、董俊祺、汤璇、李永凤、廖金英给予我的各种帮助。感谢暨南大学王明亮博士，华侨大学王祎博士、孙祎妮博士，南京师范大学操瑞青博士在我论文写作与找工作期间提供的指导。感谢台湾政治大学传播学院博士研修室的同学们。感谢郭浩田师弟为我提供博士论文的写作思路。感谢我的硕士同学张萌帮我解决了不少困难。感谢我的好兄弟孙浦沂长期以来对我的无私支持。

2017年秋，我有幸加入对外经济贸易大学中国语言文学学院这个温馨的大家庭。我感谢诸位老师四年来在工作、生活等各方面给予我的照顾与帮助，你们的付出让我在三尺讲台站得更"稳"、更有自信。

在这里，我要特别感谢周晨萌老师为本书出版所付出的辛劳。另外，我真诚感谢谢广灼老师、赵易老师在本书出版过程中的辛勤付出。

　　年过而立的我，已走过一长段人生旅程，回忆过往，心中涌现出更多感恩。感谢父母长期以来含辛茹苦操持家务。三十多年来他们经历的艰辛，我历历在目。今天，我不敢说我一定会成为他们的骄傲，但我可以说我没有让他们失望。我爱你们！尤其是身体不太好的妈妈，我希望您健康、平安，好好享受儿子给您带来的幸福与尊严。我要特别感谢我的外公外婆，感谢他们的养育之恩。他们给了我快乐的童年，直至现在，我在他们的眼中依旧是个小孩子。三十多年来我始终能感受到他们强烈的爱、纯真的爱、不曾改变的爱。我也爱你们！只可惜，外婆不能亲眼看到本书出版，孙儿只愿您在天上一切安好，没有病痛。我还要感谢我的岳父岳母，感谢他们为我的工作和生活提供的无私支持。我还要感谢我的姨妈、姨夫、舅舅、大爷、大娘、表妹，感谢他们一直以来对我的支持与鼓励。

　　我要谢谢我的太太。作为贤内助，她即便自己事务繁忙，也常抽出时间帮我处理各种琐事，让我安心工作、钻研学术。最后，我要感谢我自己，我始终认为自己不是聪明人，但我一直坚信勤能补拙，相信人要有坚守的毅力与执着的勇气。我庆幸自己没有放弃，也明确未来要加倍努力。急于求成的心态不可有，我要做的，就是如蜗牛一般，一步一步坚定地向上爬。

秦汉

于惠园

2021 年 6 月 21 日